D1934988

Michael Schneider

Die neue byzantinische Kirche vom »Heiligen Kreuz zu Jerusalem« in Sankt Georgen zu Frankfurt am Main

CXC

EDITION CARDO

Studien des Patristischen Zentrums KOINONIA - ORIENS
Herausgegeben von Wilhelm Nyssen und Michael Schneider
Band 190

Bibliografische Information der Deutschen Nationalbibliothek

Die Deutsche Nationalbibliothek verzeichnet diese Publikation
in der Deutschen Nationalbibliografie;
detaillierte bibliografische Daten sind im Internet
über http://dnb.d-nb.de abrufbar

ISBN 3-936835-92-6

© by Koinonia-Oriens e.V., Köln - 2015

Mit großem Dank
an alle Wohltäter und Stifter

der neuen Kirche,
geweiht dem Heiligen Kreuz zu Jerusalem
und dem Heiligen Nikolaus,
Erzbischof von Myra in Lykien:

ein herzliches
»Vergelt's Gott!«

INHALTSVERZEICHNIS

Hinführung

Nach dem Beschluß, das alte Gebäude des Priesterseminars an der Philosophisch-Theologischen Hochschule Sankt Georgen in Frankfurt am Main und ebenso das bisherige Oratorium für den byzantinischen Ritus abreißen zu lassen, galt es, einen neuen Raum für den Gottesdienst zu suchen. Im Küchenbereich des Kommunitätsgebäudes befand sich ein Lagerraum, der angesichts seines desolaten Zustandes kaum an einen möglichen Ort für die byzantinische Liturgie denken ließ; doch seine Form wie auch Höhe ließen schließlich alle Bedenken beiseite legen. Zunächst mußten eine Decke eingezogen, Wände wie auch der wacklige und unebene Fußboden begradigt und neue elektrische Leitungen gelegt werden.

Daraufhin stellte sich die Frage der konkreten Ausgestaltung des Innenraumes. Die Handwerker rieten davon ab, die Ikonostase und andere Gegenstände aus dem alten Gottesdienstraum wieder aufzustellen; so kam es zum Plan einer vollständig neuen Einrichtung der geplanten Kirche. Aufgrund der zu erwartenden Kosten mußte erwogen werden, ob ausreichend Spenden zu erwarten seien, um das Geplante durchführen zu können.

Zeitgleich mit dem Beginn der Bauarbeiten setzte die Flüchtlingswelle ein, die über die Monate beträchtlich anwuchs, vor allem aus Syrien. Da es eine enge Verbindung der hiesigen Gemeinde mit der melkitischen Kirche in Syrien gibt, lag es nahe, bei der Wahl des Patronats auch der neuen Situation zu gedenken; so lautet der Titel der Kirche: »Vom Heiligen Kreuz zu Jerusalem«. Denn in diesen Wochen der Bedrängnis singen die Melkiten Syriens gerne das Lied des Festes von »Kreuzerhöhung« (14. September), das ebenfalls in einer Zeit großer Not entstanden ist:

> *Rette, Herr, Dein Volk und segne Dein Erbe. Verleihe den Königen Sieg über die Feinde. Behüte durch Dein Kreuz Deine Gemeinde.*

Immer wieder wird das Thema des Kreuzes, das für den Christen ein Hoffnungszeichen ist, in der neuen Kirche angesprochen.
Ausdrücklicher Wunsch war es weiterhin, aus dem früheren Oratorium das Glasfenster mit dem Thema der »Schöpfung«, entworfen von Frau Marga Wagner, erneut anzubringen. Die Thematik mußte weiter entfaltet und vor allem eine Möglichkeit gefunden werden, die Fenster der neuen Kirche kostengünstig anfertigen zu lassen. Frau Stephanie Kehl-Ostendorf aus der Glasmalerei-Werkstatt in Köln erklärte sich mit ihrem Mann dazu bereit.
Das Bildprogramm des neuen Kirchenraumes ließ sich rasch finden, zumal mit dem Maler Oleg Kuzenko, Regensburg, seit zwei Jahrzehnten eine freundschaftliche Beziehung bestand; er verfügt über derart reiche Fachkenntnis, daß selbst kühne Gedanken und Ideen als realisierbar erschienen.
Bei der konkreten Erstellung des Bildprogramms waren folgende Leitlinien maßgebend: Jede unnötige Wiederholung eines Bildmotivs sollte vermieden werden. Zudem wurde der Wunsch geäußert, sich der neueren Kirchengestaltung in Rußland anzuschließen und den Raum - nach dem Vorbild des Archimandriten Zenon - mit Bildern und Ikonen nicht zu überfrachten. Schließlich sollten die Grundthemen eines orthodoxen Gottesdienstraumes als Ort der Theophanie zum Ausdruck gebracht werden; zu dieser Thematik wurden von Herrn Oleg Kuzenko weitere Ikonen für die Wände der neuen Kirche angefertigt.
Mit seiner konkreten Ausgestaltung hat der Raum so zeitnah und für junge Studierende ansprechend sein, daß sie sich in ihm »daheim« fühlen können. Zentrale Themen des Bildprogramms und deren praktische Umsetzung wurden mit ihnen abgesprochen, was diese wiederum mit einem regen Interesse an der Ausgestaltung der neuen Kirche beantworteten. Vielleicht tragen die gemeinsamen Überlegungen dazu bei, daß die Seminaristen auf diese Weise Kriterien und Hilfen für spätere Ausgestaltungen eines Kirchenraumes erhalten haben.

Zuletzt wurden die Schreinerarbeiten bei der Regensburger Firma Holzwerk unter der Leitung von Herrn Claus Meier in Auftrag gegeben; bei den dafür erforderlichen Entwürfen gab ebenfalls Herr Oleg Kuzenko zahlreiche Anregungen.
Während der Tage und Wochen der Errichtung der neuen Kirche gab es gewiß Stunden der Dankbarkeit und Beglückung. Doch fand sich auch so manche bange Frage: Kann eine solche Kirche überhaupt vor dem kritischen Auge eines Zeitgenossen bestehen? Könnte das Gotteshaus nicht wie reine Nostalgie wirken - legitimiert mit dem Hinweis, daß es sich ja um einen Raum des byzantinischen Ritus handle? Zeitgleich zum Bau der Kirche vom Heiligen Kreuz zu Jerusalem erschien im Internet eine »Straße der Moderne«, in der bisherige Vorstellungen von einem Kirchenbau endgültig verabschiedet wurden: Die überkommene traditionelle lateinische Wegkirche, das Konzept der liturgischen Darstellung des himmlischen Jerusalem wie auch die Ausrichtung auf den Altar - all dies erschien in dem genannten Beitrag »von gestern« zu sein. Wie sollte da die neue Kirche, welche dem Heiligen Kreuz zu Jerusalem geweiht ist, noch eine Zukunft haben? Trennt ja eine Holzwand den Altarraum von den Gläubigen, und die Überfülle von Bildern, Ikonen und Farben wirkt wie eine Zumutung für den bildüberfluteten und -überdrüssigen Zeitgenossen. Ein derartiger Kontrast läßt sich an vielen anderen Punkten weiterführen und zuspitzen, beispielsweise aufgrund des gewiß unterschiedlichen Gottesdienstverständnisses, der anscheinend fehlenden »tätigen Teilnahme« aller Gläubigen, der fremdartigen Musik und Gewandung ...
Trotz aller Bedenken, Einwände und Ärgernisse, die vermutlich angesichts einer solchen neuen Kirche zu erwarten sind, bleibt die Freude darüber, einzelne Grundinhalte des Glaubens in eine Gestalt gebracht zu haben, und zwar so, daß sie in ihrer Aussagekraft neu zum Leuchten kommen. Doch wurde die Kirche nicht vollständig ausgemalt, auf daß das Bild in der Kraft seines Zeugnisses markant zum Ausdruck kommt, ohne sich in einem Überfluß von Abbildungen zu verlieren; auch wurden bewußt frohe und lichte Farben gewählt, um den Glanz

der Auferstehung aufstrahlen, statt ihn im Grau des Alltags untergehen zu lassen.
Vielleicht wirkt die neue Kirche auf manchen Besucher eher gar nicht so »byzantinisch«, wie sie es hätte sein können bzw. müssen: Viele Gesichter der Heiligen beispielsweise sind nicht »fromm«, blutleer und weltenthoben dargestellt, sondern erscheinen als Menschen unserer Tage; auch die farbigen Fenster differieren gegenüber denen früherer Zeiten, sie wollen mit ihrer Thematik den Beter eher zum Fragen und Weiterdenken auffordern.

Um die neue Kirche vom Heiligen Kreuz zu Jerusalem all denen, die sie betreten, ein wenig zu erschließen, entstand diese Schrift; sie möchte mit der Botschaft des neuen Kirchenraumes den Leser erneut über sich selber und das Leben aus dem Glauben und der Feier der Liturgie nachdenken lassen und ins Gebet führen.
Der vorliegende Kirchenführer unterscheidet sich von anderen dieser Art, indem er die Entstehungsgeschichte eines Raumes und seiner Ausstattung derart beschreibt, daß er das Dargestellte auf dem Hintergrund der Theologie und Spiritualität der orthodoxen Kirche betrachtet. Dies fordert vom Leser eine beträchtliche Anstrengung und Geduld ein, doch gewinnt er darüber einen guten Einblick in das Leben und die Liturgie des byzantinischen Ritus. Zugleich wird er dessen gewahr, daß die neue Kirche in der Tat eine Gesamtschau des christlichen Glaubens vorlegt, stellt sie doch die Stationen der Theophanie von der Schöpfung bis zur Vollendung am Ende der Zeiten vor Augen und leitet so zu einer Vertiefung des Lebens im Glauben an.

Archimandrit Michael Schneider

I. Der Raum der Kirche in Ost und West

Nur wenige Christen werden wohl in ihrem Leben die Weihe einer Kirche miterleben, zumindest im byzantinischen Ritus. Deshalb sollen kurz Sinn und Bedeutung eines solchen Gottesdienstes erörtert werden.

1. Der Bau einer Kirche

Alles in der Liturgie bleibt dem Dienst untergeordnet: Texte, Riten, Rubriken, Gegenstände und Handlungen, aber auch die sakrale Kunst. Dies läßt sich recht gut am Kirchenbau verdeutlichen. Seine Funktionalität (im Sinn eines zu erfüllenden Zweckes) trug in früheren Zeiten nur bedingt zu seiner Formgebung bei: Eine Kathedrale beispielsweise wurde nicht deshalb so groß gebaut, um entsprechend viele Menschen aufzunehmen; der Altar stand nicht deswegen auf Stufen, damit man ihn besser sehen kann, und die Apsis bildete kein Rund, um als Schallnische zu dienen... Mit solchen zunächst plausibel klingenden Erklärungen projizieren wir heutige Vorstellungen einer »funktionsgerechten Form« auf die Vergangenheit, verkennen aber die Bedeutung eines christlichen Kirchenbaus: Ist er doch mehr als das »Kleid« der Liturgie, selbst wenn dieses kostbar und künstlerisch überzeugend erscheint, vielmehr erklären sich seine Form und Gestalt unmittelbar aus dem Dienst an und in der Liturgie.
Sakrale Kunst und Kirchenbau stehen derart im Dienst der Liturgie, daß sie Reformen und Stiländerungen unterworfen waren, sobald es zu einer Veränderung in der Liturgie oder gar zur Neubildung einzelner Riten kam. Nie hat die Kirche einen bestimmten Stil als ihren eigenen und einzig gültigen betrachtet, statt dessen blieb sie für Eigenart und Lebensbedingungen einzelner Zeiten und Völker wie auch für diverse Erfordernisse verschiedener Riten offen, gemäß dem jeweiligen Zeit- und Formempfinden.

Eine solche Offenheit gegenüber dem Konzept des Kirchenbaus werden wir in der Ostkirche kaum antreffen. Wohl gleicht ihre Auffassung zunächst in vielem der Romanik und Gotik: In ihrer architektonischen Ausrichtung zeugen solche Kirchen von einer erlebbaren Überweltlichkeit, auf daß die Ausrichtung auf den Himmel mit den Mitteln aller Künste sinnlich ausgemalt wird.[1] Bestimmt die Romanik noch eine Polarität zwischen geschütztem Innen (Kirche) und feindlichem Außen (Welt), gestaltet die Gotik ihre Kathedralen als ein Abbild des himmlischen Jerusalem; wer eine gotische Kathedrale betritt, wird dessen gewahr, daß er nun seine Ankunft in der zukünftigen heiligen Stadt und das Ziel seines Weges im Glauben antizipieren darf. Eine solche Auffassung ähnelt in vielem dem orthodoxen Grundverständnis eines Kirchenbaus.

Der grundlegende Unterschied zwischen östlichem und westlichem Kirchenbau im Dienst der Liturgie liegt anderswo. Die abendländische Kirche versteht ihren Bau als eine *Wegkirche*: Man begibt sich zu Anfang des Gottesdienstes in einer Prozession nach vorne zum Altar, der als »Sion« bezeichnet wird, um dort die Heilige Feier zu begehen und danach wieder auf demselben Weg auszuziehen. Der lateinische Gottesdienst hat zudem einen eindeutigen Anfang und ein Ende, er vollzieht sich in jenem Zeitabschnitt, in dem der Gläubige an den himmlischen Geheimnissen und Gütern Anteil erhält. Ein solches Verständnis der Liturgie und des ihr dienenden Kirchenbaus ist von der theologischen Leitidee des »Noch nicht« letzter Vollendung getragen. Hieraus erklärt sich der Grundriß der westlichen Kirche, bestimmt - meist in der Gestalt eines Kreuzes - von einem langen Hauptschiff, das in der Basilika als eine »Lichtstraße«[2] gestaltet ist, die, umgeben von den Stationen des Heils im Alten und Neuen Bund, bis zum Triumphbogen führt, auf dem die Ältesten der Apokalypse abgebildet sind und hinter dem die Liturgie - eine bestimmte Zeit lang - gefeiert wird.

---

1 In der Romanik geschieht dies eher durch eine verweisende Symbolik.

2 K. Onasch, Lichthöhle und Sternenhaus. Dresden-Basel 1993.

Die Kirchen des Ostens hingegen haben eher den Grundriß eines *Rundbaus*, an dessen Innen- (und in Rumänien sogar an den Außen-) Wänden die Begebenheiten des Heils dargestellt sind. Die byzantinische Liturgie kennt keinen rechten Anfang und kein deutliches Ende; vielmehr begeben sich die Gläubigen in ein Geschehen, das als solches immer schon stattfindet und sich nach dem Gottesdienst weiterhin fortsetzt; so tritt die Gemeinde für einen Augenblick (Kairos) in jene Göttliche Liturgie ein, die am Himmelsthron heute und in alle Ewigkeit vollzogen wird. Auf diese Weise kommt dem östlichen Kirchenbau der Sinn der Bergung zu, der bei der neuen Kirche vom Heiligen Kreuz zu Jerusalem in ihrem fast quadratischen Grundriß angedeutet ist: Ihr Raum gleicht einer *Höhle des Heils*, wie auch ihr Licht durch die farbigen Fenster gedämpft bleibt. Ein solcher Innenraum schließt sich wie eine schützende Hand um den Beter, dem verheißen ist, schon jetzt in die Heilswirklichkeit Gottes aufgenommen zu sein.

Es gibt auch Gemeinsamkeiten im theologischen Konzept des Kirchenbaus von Ost und West, insofern jeder Kirchenraum - einschließlich aller frühen Zentralbauten der lateinischen Kirche - *Richtung* ist. Der Eintretende wird durch den Raum wie durch ein Richtscheit ausgerichtet. So wandert er von West nach Ost und erfährt, wie er durch den Raum »versus orientem« ausgerichtet wird, hin zum wiederkehrenden Herrn, der Sonne der Gerechtigkeit. Damit umspannt der Bau den Weg der irdischen Geschichte zwischen der ersten und der zweiten Ankunft des Herrn. Derart sind die Kirchen in Ost und West »orientiert«, und zwar als Ausdruck der Hoffnung auf den wiederkommenden Christus. Seine Wiederkunft erwartete man in einer Osternacht, wobei dem Kaiser das Privileg zugesprochen wurde, Christus bei seiner Wiederkehr die Krone zu übergeben.

Weiterhin ist in Ost und West jeder Kirchenbau *Stadt* im Sinne eines geordneten Zusammenlebens von vielen, worin jeder seinen Platz einnimmt. »Stadt« im frühen Kirchenbau meint mehr als ein allseits geordnetes Gemeinwesen und Funktionieren des Lebensspiels vieler

Menschen; es besagt ein höheres Zusammengerufensein der Vielen nach dem Beispiel Israels. Die Stadt hat einen Namen, der den Alten und den Neuen Bund umfaßt: *Jerusalem.* Jeder Raum einer Kirche ist Jerusalem. Die Heilige Stadt wiederum ist ein Sinnbild für die Lebenskraft der Vielen aus der Höhe.
Ferner bestimmt den Kirchenbau in Ost und West die gleiche theologische Grundidee, daß er nämlich im Unterschied zu anderen Religionen kein von der Alltagswelt unterschiedener, abgegrenzter heiliger *Ort* sein will: Der Auferstandene allein ist der wahre Tempel und mit ihm alle, die sich zu ihm bekennen. Dieses spezifisch christliche Verständnis des Kirchenbaus kommt auf besondere Weise in der Kirchweihe zum Ausdruck.

2. Die Weihe einer Kirche in Ost und West

Eine Kirchweihe meint jenen kirchenamtlichen Akt, durch den ein Kirchengebäude offiziell seiner Bestimmung, also dem Gottesdienst zugeführt wird. Dabei beinhaltet der Vorgang der Kirchweihe mehr als nur die äußere Bereitstellung eines Kirchenraumes für liturgische Funktionen, denn sie vollzieht sich vertikal aufsteigend und absteigend. Deshalb besteht der Akt der Kirchweihe neben der rechtlichen Verfügung der liturgischen Ingebrauchnahme ebenso aus einer liturgischen Handlung, nämlich einer Weihe.[3]

---

[3] S. Benz, Zur Geschichte der römischen Kirchweihe nach Texten des 6. bis 7. Jahrhunderts, in: Enkainia. Gesammelte Arbeiten zum 800-jährigen Weihegedächtnis der Abteikirche Maria Laach, hrsg. von Hilarius Emonds, Düsseldorf 1956, 62-109; G. Bandmann, Die vorgotische Kirche als Himmelsstadt, in: Frühmittelalterliche Studien 6 (1972) 67-93, bes. 71-73; G. Duby, Die Zeit der Kathedralen. Kunst und Gesellschaft 980-1420, 3. Auflage Frankfurt am Main 1988, 159.171; A. Fries, Die eucharistische Konzelebration in der theologischen Kontroverse des 13. Jahrhunderts, in: Die Kirche im Wandel der Zeit. Festschrift Joseph Kardinal Höffner. Hrsg. von F. Groner, Köln 1971, 341-352; ders., Die eucharistische Konzelebration als theologisches Problem vom 13. bis 15. Jahrhundert, in: Studia

Sie wird mit drei Termini charakterisiert. Man spricht von einer *consecratio*, was ursprünglich die Herausnahme eines Gegenstandes aus dem Bereich des »profanum« und die Zueignung an die Gottheit durch den Menschen im Rahmen eines offiziellen Staatsaktes bezeichnet; es findet eine Eigentumsentäußerung statt, und zwar im Sinne einer Umwandlung in eine »res sacra«.[4] Doch der Bischof handelt nicht, wie einst der Magistrat, im Namen des Populus Romanus, sondern als der von Gott berufene Liturge zum Heil des christlichen Volkes. Die consecratio besagt darum mehr als eine Zueignung an die Gottheit, es handelt sich um eine Heiligung durch Gott, der der eigentliche consecrator ist.

Mit *dedicatio* bezeichnete man in der Antike jenen Akt, mit dem einer etwas von seinem Eigentum zugunsten der Gottheit entäußert. Die frühen Christen griffen diesen Terminus ohne größere Bedenken, insofern sie ohnehin auf schon bestehende Bauten zurückgreifen mußten und zu Neubauten selten in der Lage waren.

Mit *encaenia* wurde vor allem das spezifisch Neue zum Ausdruck gebracht, da eine Kirche, die geweiht wird, jenem gleicht, der ein neues Gewand anzieht. Bei Augustinus heißt es hierüber in seinen Darlegungen zu Joh 10,22[5]: *Facta sunt autem Encaenia in Jerosolymis. Encae-*

---

moralia 10 (1972) 347-435; R. Hausherr, Templum Salomonis und Ecclesia Christi, in: Zeitschrift für Kunstgeschichte 31 (1968) 101-121; L. Hödl, Die Gottebenbildlichkeit des Menschen und der sakramentale Charakter des Christen, in: Die Kirche und ihre Ämter und Stände. Festschrift Joseph Kardinal Frings. Hrsg. von W. Corsten u.a., Köln 1960, 42-57; H. Sedlmayr, Die Entstehung der Kathedrale, Graz [2]1988, bes., 350ff.; O. von Simson, Die gotische Kathedrale, Beiträge zu ihrer Entstehung und Bedeutung, New York 1956, Darmstadt [4]1972, 93ff.; A. Speer, Kunst als Liturgie. Zur Entstehung und Bedeutung der Kathedrale, in: C. Dohmen und T. Sternberg (Hgg.), Kein Bildnis machen. Kunst und Theologie im Gespräch, Würzburg [2]1987, 97-117; R. Suntrup, Die Bedeutung der liturgischen Gebärden und Bewegungen in lateinischen und deutschen Auslegungen des 9. bis 13. Jahrhunderts (Münstersche Mittelalter-Schriften, 37), München 1978, bes. 347-348.

4 RAC (1955) 269-283.

5 PL 35,1741.

nia festivitas erat dedicationis templi. Graece enim kainón dicitur novum, quandocumque novum aliquid fuerit dedicatum, Encaenia vocantur. Iam et usus habet hoc verbum: si quis nova tunica induatur, encaeniare dicitur. Illum enim diem quo templum dedicatum est, Judaei solemniter celebrabant.

Die Weihe eines Kirchengebäudes wird als ganze nur ein einziges Mal vollzogen: ecclesia semel consecrata. Der Vollzug, der einer der bedeutendsten kirchlichen Riten ist, bleibt dem Bischof vorbehalten, und zwar dem Diözesanbischof, der als der ordentliche Minister einer Kirchenkonsekration gilt.[6] Bei den Kirchweihen, die unter Konstantin dem Großen vorgenommen wurden, ist sogar ausdrücklich die Anwesenheit vieler Bischöfe bezeugt.[7]

Das älteste Zeugnis der Weihe eines solchen Hauses ist vom Bischof Eusebius († 339/340) überliefert, der von der Weihe der Bischofskirche in Tyrus (314) berichtet. Diese Weihe bestand einzig aus einer ersten Eucharistiefeier in der neuen Kirche, ein Brauch, der sich bis zur Zeit Papst Gregors des Großen († 604) in der Westkirche durchhält. Auch finden wir bei Eusebius schon eine zentrale theologische Grundaussage der Kirchweihe angeführt; er betont nämlich anläßlich der Weihe der Basilika von Tyros, sie sei ein Abbild des Himmlischen Jerusalem, das dem Vorbild des unsichtbaren himmlischen Tempels Gottes nachgeschaffen ist:

> *Das ist der große Tempel, welchen der große Schöpfer des Weltalls, das Wort, über den ganzen Erdkreis unter der Sonne errichtet und worin er hienieden zugleich ein geistiges Abbild dessen geschaffen, was jenseits des Himmelsgewölbes ist, damit sein Vater durch die ganze Schöpfung und alle vernünftigen Wesen verehrt und angebetet werde. Kein Sterblicher vermag nach Gebühr zu preisen das Land über den Himmeln, die*

---

6 Trid.sess. VI, c.5, de reform.

7 Euseb., Vita Const. IV 4345.

dort ruhenden Urbilder der irdischen Dinge, das obere Jerusalem, wie es genannt wird, den himmlischen Berg Sion und die überirdische Stadt des lebendigen Gottes, in der zahllose Chöre von Engeln und die Gemeinde der Erstgeborenen, die im Himmel eingeschrieben sind, ihren Schöpfer und den obersten Lenker des Weltalls in göttlichen Gesängen, die für uns unaussprechlich und unbegreiflich sind, verherrlichen.[8]

Die Feier der Liturgie ist es also, die einer Kirche ihre Weihe verleiht. Dies erklärt, warum die meisten Gotteshäuser Roms ursprünglich keinem Heiligen dediziert sind, wie sie auch noch zur Zeit Gregors des Großen ohne Reliquien eingeweiht wurden.

Die östliche Kirche hingegen kennt neben der Liturgie als eigentlichem Weiheritus schon früh weitere Handlungen (Reinigungen, Besprengungen, Salbungen des Altares mit Myron), vor allem aber die Übertragung der Reliquien.[9] Schließlich schreibt das zweite Konzil von Nikaia (787 n. Chr.) - verbindlich für Ost und West - vor, daß jedem Altar Reliquien beizufügen seien.

Ähnlich wie im Westen richtet sich die Kirchweihe im Osten nicht allein auf die Konsekration der Kirche als Gebäude, sie galt ebenso der Gemeinde. Reinigung und Salbung der Kirche werden verstanden als ein Heiligungsakt der versammelten Gemeinde: Bau und Aufbau der Gemeinde gehören zusammen. So betont Nikolaos Kabasilas, daß die Altarweihe der »Ausgangspunkt jeglicher Einweihung« ist, denn der Altar ist das »Fundament« und die »Wurzel« aller Sakramente.[10]

---

8 Eusebius von Caesarea, Kirchengeschichte X 4. Vgl. J. Ernst, Die griechische Polis - das himmlische Jerusalem - die christliche Stadt, in: ThGl 67 (1977) 240-258; H. Kähler, Die frühe Kirche. Frankfurt 1982, 115ff.

9 Spätestens ab dem 4. Jahrhundert wurden die Martyrer unter dem Altar der Kirche begraben, während man später ihre Reliquien zum Altar übertrug. - In der westlichen Kirche, und zwar besonders in der gallischen Kirche, kam es im 6. Jahrhundert unter östlichem Einfluß zu wesentlichen Veränderungen des bisherigen Ritus.

10 Nikolaos Kabasilas, De Vita in Christo 5 (PG 150,625C.628A); vgl. ΕΓΚΑΙΝΙΑ

Deshalb wurde es schon früh Brauch, daß sich der weihende Bischof mit den Gläubigen auf die Kirchweihe Tags zuvor unter Fasten vorbereitete und vor den Reliquien betete, welche bei der Konsekration der Kirche in den Altar eingefügt werden.

Ein wichtiger Ritus der lateinischen Kirchweihe[11], den wir ähnlich im Osten antreffen, besteht in der feierlichen Öffnung der Kirchentüren: Nach einem Gebet pocht der Bischof (mit seinem Hirtenstab) an die Kirchentüre und ruft: »Hebet eure Tore, ihr Fürsten, erhebet euch, ihr ewigen Tore, daß einziehe der König der Herrlichkeit.« Ein im Innern der verschlossenen Kirche weilender Diakon ruft alsdann aus: »Wer ist dieser König der Herrlichkeit?«, worauf der Bischof erwidert: »Der Herr, der Starke und Mächtige, mächtig im Krieg« (Ps 24,8). Sind diese Worte vom Bischof nach dem dritten Umgang gesprochen, rufen alle Umstehenden: »Aperite, aperite, aperite!« (bzw. »Attollite!«), worauf die Kirchentüre geöffnet wird. Bei der byzantinischen Kirchweihe wird diese feierliche Öffnung der Türen allerdings bei der Prozession der Reliquien vollzogen, und zwar vor der anschließenden Deposition.

Im Drogo-Sakramentar finden wir erstmalig eine Deutung dieser Handlung: Der eingeschlossene Diakon läuft nach dem Öffnen des Portals quasi »fugiens« davon, symbolisiert er doch die Macht des Bösen, der vor der Macht Christi weichen muß. Die Bedeutung dieser Zeremonie liegt klar vor Augen: Christus, der im Bischof symbolisiert ist, ergreift Besitz vom Gotteshaus, und mögen sich die entgegenstehenden Mächte auch wehren, sie können dem Gottessohn nicht widerstehen.

In Ost und West wird der Altar gewaschen. Geschieht dies mit Wasser und Wein, so bedeutet dies, daß Christus Gott und Mensch ist und daß

- Kirchweihe. Zusammengestellt, übersetzt und eingeleitet von Theodor Nikolaou, München 1995, 4ff.

[11] Im Abendland läßt sich dieser Ruf mit den damit verbundenen Zeremonien schon im 8./9. Jh. nachweisen, noch früher im Orient.

das mit dem Wasser in der heiligen Taufe und am Kreuz des Herrn geheiligte Volk in seinem Haupt Christus vereint ist. Das Wasser schenkt dem Gotteshaus wie auch den sich darin versammelnden Gläubigen die Befreiung vom Bösen und die Vereinigung mit Christus.

Während der Reliquienkult sehr früh in Ost und West verbreitet war, blieb man in Rom gegenüber der aufkommenden Verteilung der heiligen Leiber zurückhaltend, wollte man doch die Grabesruhe der Verstorbenen nicht stören. Eher baute man eine Basilika unter großen Anstrengungen über ein noch so ungünstig gelegenes Martyrergrab, als daß man dieses um einige Meter verlegt hätte.[12] Doch führte das Schauverlangen der Gläubigen dazu, daß die Reliquien ihnen immer nähergerückt (vgl. Ringkrypta, Confessio, Reliquienmonstranz im Chorraum) und schließlich zum neu zu weihenden Altar übertragen wurden.[13]

Jene, die nach dem Willen Gottes leben, sind sein Tempel, eine Überzeugung, die in Ost und West besonders für die Heiligen gilt, weshalb man zum eucharistischen Kult keinen Altar bzw. keine Kirche weihte, ohne vorher Reliquien von Heiligen in sie eingesetzt zu haben: Die Reliquien sind der wahre Tempel, der wirkliche Altar, während das Gebäude dessen Nachbildung ist.

Nach Nikolaos Kabasilas gibt es nichts, »was mit den Sakramenten Christi eine nähere Verwandtschaft hat als die Martyrer, weil sie Leib und Pneuma und Todesgestalt und alles mit Christus gemein haben. Und der im Leben bei ihnen war, der verläßt bei ihrem Ende auch ihre toten Leiber nicht. Sondern mit den Seelen geeint, ist er irgendwie auch mit diesem stummen Staube zusammen und vermischt. Und wenn es möglich ist, den Heiland irgendwo bei diesen sichtbaren Dingen zu finden und zugegen zu haben, dann dürfte es bei diesen Gebeinen der Fall sein. [...] Überhaupt sind ja diese Gebeine ein wahrer

---

12 Gregor der Große vertritt diese Haltung selbst gegenüber der Kaiserin Constantia.

13 Suger, De consecratione, cap. IV. H. Sedlmayr, a. a. O. 231ff.

Tempel und Opferaltar Gottes, dieser mit 'Händen erbaute' dagegen nur ein Abbild des wahren. Es ist also angemessen, wenn man diesem Altar hier jenen wahren Altar hinzufügt und wenn zur Vollendung dieses Altars jener Altar herangezogen wird, wie zur Vollendung des Alten Gesetzes das Neue beiträgt.«[14] Da die Heiligen in ihrem Leben von der Gnade des Heiligen Geistes durchdrungen waren, durchdringt er auch ihre Reliquien; sie sind »die eigentliche Vereinigungsart des Christen mit Gott«, wie Theodor Nikolaou[15] hinzufügt. Die Heiligen erweisen sich in ihrem Leben als die wahren Beter und im Himmel als unsere Fürsprecher, durch die der Christ alle Gnaden empfängt; so ist der Altar mit seinen Reliquien wirklich das Fundament sakramentalen Lebens.

Aufgrund dieser hohen Wertschätzung des Altares wie auch der Kirchweihe wird verständlich, daß man in Ost und West an den der Kirchweihe folgenden Tagen die Liturgie feiert. Auch die Einweihung des Salomonischen Tempels wurde sieben (3 Kön 8,65) oder acht (2 Makk 2,12) Tage lang in Jerusalem mit einem Gottesdienst begangen, so daß die Feierlichkeiten der Einweihung (auf die himmlische Ruhe weisend) erst am achten Tage beendet wurden.

3. Die theologische Leitidee

Nach Paulus befähigt der Heilige Geist die Christen nicht bloß zu einer Tätigkeit, wie es bei den Richtern und Propheten des Alten Bundes der Fall war, vielmehr wohnt er wirklich ihnen inne (vgl. Gal 4,6; Röm 5,5; 8,9.11). Gleich der Sünde, die im Menschen »wohnt« und dadurch über ihn »herrscht« (vgl. Röm 7,18.20), »wohnt« der Heilige Geist in denen, die an Christus glauben, so daß sie nicht mehr sich

---

[14] Nikolaos Kabasilas, De vita in Christo 5 (PG 150,636BC); Übers. aus ΕΓΚΑΙΝΙΑ - Kirchweihe, 6.

[15] Ebd.

IC
XC
O
ΩN
ICH BIN
DER WEG
UND DIE WAHRHEIT
UND DAS LEBEN

ICH BIN
DER WEG
UND DIE WAHRHEIT
UND DAS LEBEN

selbst gehören, sondern Gott allein: Niemand wird vor ihm bestehen, der dieses sein Eigentumsrecht nicht achtet.
Solches gilt vor allem für den Leib, welcher - der Sünde gestorben - ein Tempel Gottes ist. Während nach Philo und den Stoikern die Gottheit im Geist wohnt, versteht Paulus dieses Wohnen als ein Werk des Heiligen Geistes, das den Leib betrifft. Denn der Leib ist Ende und Ziel göttlichen Wirkens auf Erden: Nichts ist »geistiger« als der Leib Jesu, der Fleisch annahm in der Jungfrau Maria, doch der verherrlichte Leib existiert auf Erden nunmehr in der Kirche; und wie der Leib ist auch der Kult, der im Tempel gefeiert wird, geistig und leiblich zugleich. Die geistigen Opfer sind die unseres Leibes (vgl. Röm 12,1), ebenso ist auch die Liturgie in diesem geistigen Tempel eine greifbare Tatsache.[16] Selbst die Liturgie des Himmels vollzieht sich, wie die Apokalypse darzustellen weiß, als Fortsetzung der Liturgie der Kirche und ist damit alles andere als ein rein innerlicher Kult.
Der himmlische Tempel hat in der Tat eine Geschichte mit Stufen fortschreitender Verwirklichung, und diese Geschichte macht den tieferen Sinn der Weltgeschichte aus: Gott will einst für immer auf vollkommene Weise in der Schöpfung wohnen, was das Endziel aller Geschichte ist. Nach Aussage der Apokalypse wird die irdische Geschichte von der himmlischen Wirklichkeit bestimmt, und ebenso verhält es sich mit der Kirche auf Erden, die aus der Kraft ihres Bräutigams lebt, der im Himmel ist. So spricht der Seher der Apokalypse von einem Tempel im Himmel und einem Tempel auf Erden; am Ende aber wird es in der Stadt Jerusalem keinen Tempel mehr geben, »denn der Herr, der allmächtige Gott, ist ihr Tempel und das Lamm« (Offb 21,22).
In der Ewigkeit gibt es keinen anderen Tempel als Gott (Offb 21,22). Die Verwunderung hierüber ist nicht minder als für Isaak bei seiner Opferung (Gen 22,1-13): Gott selbst besorgt das Opfer, da er sich als das wahre Opferlamm offenbart: »Denn der Herr, ihr Gott, der Herr-

---

16 Vgl. E. Peterson, Das Buch von den Engeln. Leipzig 1935.

scher über die ganze Schöpfung, ist ihr Tempel, er und das Lamm« (Offb 21, 22). Gott, der souveräne Herr der Schöpfung, ist fortan der ewige Tempel der Gläubigen, die er durch seinen Tod und die Auferstehung erlöst und heiligt, auf daß sie nun für immer ihm und seinem Willen in rechter Weise dienen: »Sie werden Alleluja sagen, weil sie Amen sagen werden.«[17].

Gott selbst wird also einst der wahre Tempel der himmlischen Stadt Jerusalem sein, und im gegenseitigen Innewohnen werden wir Sättigung und Fülle des Heils finden. Was in Ewigkeit immer schon das Verhältnis zwischen Vater und Sohn ausmacht: »Alles, was mein ist, ist dein, und was dein ist, ist mein« (Joh 17,10), wird einst vom Vater und den Seinen gelten, gleich dem Wort des barmherzigen Vaters an seinen Sohn: »Mein Kind, du bist immerdar bei mir, und all das Meinige ist ja dein« (Lk 15,31). Die Sehnsucht des Menschen, die ihn zu Gott sprechen läßt: »Bete Du selbst in meinem Herzen« (vgl. Röm 8,26f.), ist dann erfüllt, denn was der Mensch bisher betend verrichtete, wird jetzt bleibend Gottes Werk in ihm sein. Alles in der neuen Stadt trägt nur einen Namen: »Wohnung des Herrn« (Ez 48,35): Die Seinen selbst weden nun jener »siebente Tag« sein, erfüllt von der Heiligkeit Gottes, der in ihnen alles in allem ist; nun schenkt er ihnen nicht mehr etwas, sondern sich selbst, absolut sättigend und endgültig. Auf ewig ist Gott fortan der Tempel jedes Einzelnen, »nicht von Menschenhand gemacht«, und es wird keinen anderen Tempel geben als Gott selbst, weshalb es nicht mehr denkbar und vorstellbar ist, daß und wie ein Geschöpf noch mehr Gottes Tempel werden könnte.

Der Kirchenbau ist Angeld all dessen. Gott nahm ja in seinem Sohn menschlichen Leib an, der von sich sagte: »Ich bin der Tempel Gottes«; dieser Tempel ist sein Leib, während das Ich, das diese Worte spricht, die göttliche Person des Sohnes ist. Der Leib des Herrn wiederum ist die Kirche: »Weder der Tempel von Jerusalem noch Israel, obwohl es wirklich das Volk Gottes war, waren die geistige Wohnung

---

[17] Augustinus, Sermo 162,29 (PL 39,1633).

des lebendigen Gottes. Die Kirche dagegen ist tatsächlich diese Wohnung, erstens, weil Gott dort durch einen geistigen Gottesdienst gehuldigt wird, wo der Mensch selbst, nichts anderes und nichts Geringeres, mit Gott vereinigt ist, mit nichts anderem und nichts Geringerem als mit Gott, durch den Geist, der das Abbild seinem Urbild ähnlich macht; zweitens, weil die göttlichen Personen sich dort geschenkt haben und dort durch die substantiell-objektive Gegenwart wohnen, die der Gnade eigen ist; drittens, weil die Kirche, der Leib Christi, auf geheimnisvolle Weise von der Eucharistie gestaltet wird, die sie zelebriert und in der sie, sakramental dargestellt, die Wirklichkeit Jesu Christi und seines Osteropfers bewahrt, den wahren Tempel der messianischen Zeit. Israel war zwar das Volk Gottes; es war aber nicht der Leib Christi.«[18]

Das Neue am Christentum zeigt sich in diesen Aussagen über den dreifachen Leib Christi: Die Geschichte Israels war eine Geschichte, in die Gott eingriff; mit der Inkarnation hingegen trat Gott in die Welt ein und schenkte sich selbst der menschlichen Natur. Seit der Inkarnation gibt es in der Welt nur ein einziges Heiligtum, und dies ist der Leib Christi: Er ist das einzig Heilige dieser Welt, das die Welt ontologisch für immer verändert, auch wenn alles noch auf seine letzte Vollendung harrt. Seit der Weihe einer Kirche empfangen wir in ihr bei der Feier der Liturgie, und zwar im Wasser, Öl, Brot und Wein, als Unterpfand die Erstlinge der neuen Zeit, bis einst alles nach dem Bild des eingeborenen und auferstandenen Herrn verwandelt ist.

Diese Wandlung ist ein Geschenk des Heiligen Geistes. In Israel entfaltete er eine vielfache Tätigkeit, doch als Seele wohnt er nur im Leib Christi. Nicht mehr in Gestalt einer Gabe kommt der Heilige Geist, sondern als Person, die alle und alles zu Gott zurückkehren läßt. So wohnt der Heilige Geist im Schoße Gottes, aber ebenso in der Kirche,

---

18 Y.M.-J. Congar, Das Mysterium des Tempels. Die Geschichte der Gegenwart Gottes von der Genesis bis zur Apokalypse, Salzburg 1960, 271.

bis er das Antlitz der Erde erneuert hat und Gott für immer der Tempel von allem ist.
Im Rückblick zeigt sich, daß die Kirchweihe wirklich zu den zentralen Handlungen der Kirche gehört; in ihr kommt unmittelbar zum Ausdruck, was Ursprung und Quelle christlichen Glaubens und Lebens ist. Was jedoch im einmaligen Vollzug der Kirchweihe gesetzt ist, vollzieht sich an diesem Ort fortan immer neu in jeder Feier der Liturgie. Davon will die Ausgestaltung der neuen Kirche vom Heiligen Kreuz zu Jerusalem ein beredtes Zeugnis ablegen.

II. Die Darstellungen im Altarraum

Wort und Bild gehören im orthodoxen Glauben aufs engste zusammen, ja, die Bilder selbst haben theologischen Rang. Zum byzantinischen Ritus zählen die Heilige Schrift und die Tradition, die Feier der Liturgie und die Schriften der Väter, aber ebenso die Bildwerke. Die Maler der Bilder und Ikonen verstehen sich als »malende Theologen«, selbst wenn sie keine ausgebildeten Theologen sind. Obgleich an den offiziellen Kanon des Bildes gebunden, legten sie zuweilen ganz neue Motive vor, die sich dann teils sehr rasch ausbreiten, ohne daß genau bekannt ist, wer jeweils die »Erfinder« und »Übermittler« waren. Auf diese Weise »schreiben« sie ihre Ikonen und malen ganze Kirchenwände aus. Während sie aber auf den großen Wandflächen (ähnlich beim Mosaik) umfangreiche thematische Zyklen zum Ausdruck bringen, wenden sie sich in der Tafelmalerei eher dem »Porträt« zu, und zwar vor allem für den Hausgebrauch und die Mönchszelle (hier meist ohne die Zutat des Goldes). Die Bilder, welche so entstehen, verkünden die Gegenwärtigkeit des Heiles im Dargestellten.

Beim Eintritt in die neue Kirche vom Heiligen Kreuz zu Jerusalem schaut der Betrachter vermutlich zunächst auf die großen Darstellungen an der Decke. Dabei wird sich ihm gleich die Frage stellen, von wo aus er alles am besten zu sehen vermag. Hierfür wurde der Ort unmittelbar vor der »Königstür« gewählt; in der Mitte des Raumes ist in der Tat die Erscheinung des Kreuzes wie auch des Menschensohnes gut zu erkennen.

1. Das Siegeszeichen des Kreuzes

Über dem Altar der neuen Kirche vom Heiligen Kreuz zu Jerusalem sehen wir eine große Abbildung des Triumphkreuzes, deren Inhalt sich aus der byzantinischen Vesper-Liturgie des Karsamstags erklärt.

Während dieses Gottesdienstes wird am Kreuz, das an Karfreitag in der Mitte der Kirche am Grab des Herrn errichtet wurde, ein weißes Linnen um die Balken gelegt, und zwar zum Zeichen dafür, daß Christus »im Tod den Tod zertreten und denen in den Gräbern das Leben geschenkt hat«. So sehen wir unmittelbar über dem Altar der neuen Kirche vom Heiligen Kreuz zu Jerusalem das Siegeszeichen des Kreuzes als Zeichen der Überwindung des Todes und als Quell des Lebens. Mit der Darstellung dieses Altarkreuzes begann die Ausmalung der neuen Heiligen Kreuz zu Jerusalem Kirche.

Der Altar

Der Kreuzesaltar von Golgatha ist der »Quell des Lebens«, so daß jeder Altar die Mitte einer christlichen Kirche darstellt. Hier begegnen wir Gott, der alles ins Dasein rief und es fortan mit seinem Segen begleitet, um es zur Vollendung zu führen. So offenbart sich Gott als »Fels«, aus dem lebendige Wasser strömen (vgl. Ex und Ps 48) und der mit seinem Volk wandert. Ausdruck all dessen ist die Altarweihe. Das Vorausbild hierfür findet sich im Leben des Patriarchen Jakob. Bei einer Rast auf seiner Wanderschaft salbte er den Stein, der seinen Kopf stützte zur Stunde jenes Traumes, in dem Gott ihm begegnete. Nachdem er diesen Stein mit Öl geheiligt hatte, gab er dem Ort den Namen Bet-El, »Haus des Gottes El«. Dieser Stein wurde für Jakob auf seinem Weg ein Garant der Anwesenheit Gottes; ohne den Stein zu verehren, empfing Jakob hier die Erfüllung dessen, was Jahwe seinen Vätern verheißen hatte und nun auch ihm zuteil werden ließ. Auf gleiche Weise wird der christliche Altar mit heiligem Öl gesalbt, ist er doch ein »Heiltum«, an dem Tag für Tag neu Gottes heilspendende Wirkmächtigkeit erfahren und empfangen werden darf. Zugleich wird der Altar zur Aufforderung: Die Christen haben sich selbst als lebendige Steine in den Bau der Kirche einzufügen, indem sie an dieser Stätte mit einem Herzen und einer Stimme in ein und demselben Geist beten; auf diese Weise errichten sie jenen Altar, auf dem Jesus sein Opfer darbringt, das dem Vater fürwahr wohlgefällt.

Höhlen der Jungsteinzeit belegen, daß die Menschheit seit ihren frühen Anfängen um das Kreuz als Symbol des Lebens weiß. Dessen doppelte Ausrichtung deutet die Grundordnung dieser Welt an, und zwar, wie es vornehmlich im gleichschenkligen Kreuz sichtbar wird, als Einheit von sonst nicht Vereinbarem, nämlich von Leben und Tod, Licht und Dunkel, Himmel und Erde. Das Zeichen des Kreuzes hat sich zutiefst der Menschheit und dieser Erde eingeprägt.

Für die Christen ist das Kreuz weniger ein Marterholz als ein Sieges- und erlösendes Heilszeichen; denn was als Torheit erschien, erwies sich als die letzte Wahrheit Gottes wie auch der Menschheit: Durch Christi Tod und Auferstehung ist der Stamm des Kreuzes zum Baum neuen Lebens geworden, alle Enden der Erde umfangend.

Gleich der Erde ist auch der Mensch nach der Gestalt des Kreuzes gebildet, und schon sein Leib erscheint wie an einem Kreuz aufgehängt. Daß er nach Gott gebildet ist, dafür darf ihm sein Leib ein Gleichnis sein. Der Christ wiederum erkennt sich unter dem Kreuz in eine neue Heilszeit gestellt, und indem er sich durch das Kreuz, das sich in ihm abbildet, auf neue Weise ausrichten läßt, führt er in seinem eigenen Dasein das Universum zusammen. So erfährt er sein Leben im Zeichen des Sieges, denn das alte Leben ist eingepfropft in die neue Verheißung des Menschensohnes, ist das Holz des Kreuzes doch allen zum Heil, zum Baum des Lebens geworden. Der alte Adam verwirkte im Paradies unter dem Baum der Erkenntnis sein Leben, doch der zweite Adam schenkt am Baum des Kreuzes neues Leben; alle, die an seiner Wahrheit festhalten, dürfen an seinem Leben teilhaben, wie im Buch des Menschensohnes zu lesen ist, das er dem Betrachter der neuen Kirche vom Heiligen Kreuz zu Jerusalem aufgeschlagen entgegenhält: »Ich bin der Weg und die Wahrheit und das Leben.«

Bis ins 6. Jahrhundert hinein wurde das Kreuz ohne den Leib des Gekreuzigten dargestellt, und zwar als Symbol der Anastasis, als Siegeszeichen der Auferstehung. Deshalb schmückte man das Kreuz mit kostba-

ren Steinen. Solche Gemmenkreuze bezeugen das Kreuz als Zeichen des Lebens und der Freude von Ostern.
Nicht anders verhält es sich bei dem Siegeszeichen des Kreuzes, das wir über dem Altar der neuen Kirche vom Heiligen Kreuz zu Jerusalem sehen: Gleich einem Gemmenkreuz trägt es in seinem Inneren einen kostbaren Schatz von Edelsteinen. Derart kostbare Steine sind nach Aussage der Mythen, Märchen und Legenden »als Tropfen vom Himmel gefallen«, in deren Farbenpracht das Lichtfeuer der Sterne aufleuchtet. Aufgrund ihrer reinigenden, heilenden und machtvollen Wirkung, wie sie ihnen zugesprochen wird, galten solche Edelsteine als Unterpfand »ewigen Lebens«, das nach Plato voller Licht, Farbe und Edelstein ist.
Nachdem die Königin aus Saba dem weithin gerühmten König Salomo Edelsteine brachte, schmückten diese das Ornat der Herrscher und Hohenpriester Israels und seiner Nachfahren. Das Buch der Geheimen Offenbarung wiederum verheißt vom Himmlischen Jerusalem, daß es ganz mit Edelsteinen geschmückt ist wie eine »Braut«, und auf zwölf Edelsteinen werden die Namen der Apostel eingraviert sein. Der kostbare »Eckstein« dieser himmlischen Stadt ist Christus selbst, der König der Könige und Ursprung allen Lebens.
Nach Aussage einer frühchristlichen Legende verlor Adam sein Leben am gleichen Tag und zur gleichen Stunde, in welcher der Menschensohn am Kreuz seinen Geist dem Vater anempfahl. Adam ließ sich jedoch dort bestatten, wo schließlich Christus selbst gekreuzigt wurde, so daß er als erster Anteil erhielt am neuen Leben seines Erlösers; so sehen wir zu Füßen des Kreuzes zuweilen Adams Schädel in der Höhle seines Grabes abgebildet. Sodann weiß die Legende zu berichten, daß Seth, dem Sohn Adams, Samen vom Lebensbaum des Paradieses anvertraut wurde und man aus einem Sprößling dieses Samens das Kreuzesholz anfertigte. In all diesen Aussagen der Legende drückt sich der Glaube der frühen Kirche aus, daß der ewige Gottessohn von Ewigkeit her beim Vater ist »wie ein geschlachtetes Lamm«: Schon zu Beginn der Schöpfung leuchtet im Logos das Geheimnis des Kreuzes

auf. Im Glauben an dessen siegreiche Lebenskraft erhebt die Kirche ihren Lobgesang:

> *O Gekreuzigter, du Vortänzer im mystischen Tanz!*
> *O des geistlichen Hochzeitsfestes!*
> *O des göttlichen Pascha,*
> *übergehend von den Himmeln bis zur Erde*
> *und wiederum aufsteigend in die Himmel!*
> *O neue Feier aller Dinge, o kosmische Festversammlung,*
> *O Freude des Universums, o Ehre, o Lust, o Entzücken,*
> *durch die der finstere Tod vernichtet,*
> *das Leben dem All mitgeteilt,*
> *die Tore des Himmels geöffnet wurden.*
> *Gott erschien als Mensch,*
> *und der Mensch fuhr empor als Gott,*
> *da er die Pforten der Hölle zerschmettert*
> *und die ehernen Riegel gesprengt hat.*[19]

In einem solchen Lobgesang drückt sich der Glaube der Kirche aus, daß Jesu Tod allen Menschen zum Heile wurde; fürwahr: Fürwahr, das Kreuz ist die einzige Hoffnung in dieser Zeit (spes unica in hoc tempore). So trägt das Gemmenkreuz, das über dem Altar der neuen Kirche vom Heiligen Kreuz zu Jerusalem als Siegeszeichen der Auferstehung abgebildet ist, einen grünen Kranz zum Zeichen des neuen Lebens, welches wir in den eucharistischen Gaben als unser »tägliches Brot« empfangen, wie wir im »Vater unser« bekennen.

---

[19] D. Forstner und R. Becker, Neues Lexikon christlicher Symbole. Innsbruck-Wien 1991, 290.

Die Reliquien des Altares

Im Altar befinden sich die Reliquien folgender Heiliger: Großmartyrerin und Jungfrau Anastasia von Sirmium († 304; orth.[20]: 29.X. und 22.XII., röm.: 25.XII.); Papst Silverius († 537; röm.: 2.X1.); die beiden Martyrer-Brüder Ewaldi († 691/3; röm.: 3.X.). Ihre Namen und daß sie auf ewig »in Christus leben«, bezeugt eine Inschrift an der Stirnwand der neuen Kirche.

2. Die Deesis der Erzengel Michael und Gabriel[21]

Auf dem Deckenbild des Altarraumes sehen wir sodann die beiden Erzengel Michael (»Wer ist wie Gott?«) und Gabriel (»Mann Gottes, Stärke Gottes«), und zwar als Engel-Thronwacht bzw. Engel-Deesis, wie sie schon in Alt-St.-Peter zu Rom zu sehen war. Da der Erzengel Michael (zuweilen gemeinsam mit dem Erzengel Gabriel) auch als Türhüter gilt, vermag er doch alles Böse abzuwehren, sehen wir ihn in der neuen Kirche nochmals über der Eingangstür auf einer griechischen Ikone. Hinter der Darstellung solcher Glaubensaussagen steht eine lange Geschichte, die wir uns kurz vergegenwärtigen wollen, um das Deckenbild des Altarraumes in der neuen Kirche vom Heiligen Kreuz zu Jerusalem besser verstehen zu können.

---

20 »orth.« = nach orthodoxem Festkalender; »röm.«, nach römischem Kalender.

21 Vgl. I. Bentchev, Engelikonen. Machtvolle Bilder himmlischer Boten, Freiburg-Basel-Wien 1999; L.P. Berger, Auf den Spuren der Engel. Freiburg-Basel-Wien 1991; P.R.L., Brown, Die Keuschheit der Engel. Sexuelle Entsagung, Askese und Körperlichkeit am Anfang des Christentums, München 1991; Engel. Boten zwischen Himmel und Erde, Stuttgart 2008; R. Guardini, Engel. Theologische Betrachtungen, Mainz 1995; J.E. Hafner, Angelologie. Paderborn 2010; L. Heiser, Die Engel in der Glaubensverkündigung der Orthodoxie, Köln 2002; T. Ruster, Von Menschen, Mächten und Gewalten. Eine Himmelslehre, Mainz [2]1997; O. Seifert, Panis angelorum. Kulturgeschichte der Hostie, Ostfildern 2004; H. Vorgrimler, Wiederkehr der Engel? Ein altes Thema neu durchdacht, Kevelaer [3]1999; C. Westermann, Gottes Engel brauchen keine Flügel, Stuttgart-Berlin 1978.

Eine zunehmende Erkenntnis in der Glaubensgeschichte

Die Vorstellung von engelartigen Wesen als Mittlern zwischen Göttern und Menschen läßt sich in fast allen antiken Kulturen belegen, selbst bei den griechischen Philosophen. Auch in der Heiligen Schrift des Alten und des Neuen Bundes ist von *Engeln* die Rede; als überirdische Wesen erscheinen sie in menschlicher Gestalt und haben teils ein erschreckendes Aussehen. Paulus mußte sich im Brief an die Kolosser eigens mit irrigen Engellehren auseinandersetzen, da sie Christus als den einzig wahren Mittler allen Heils zu verdrängen drohten.

Von einem *Erzengel* ist erstmals im Neuen Testament die Rede; und daß es derer sogar sieben geben soll, ist im Glauben der Kirche nur allmählich bezeugt. Wohl heißt es im Buch Tobit (12,15), daß sieben Engel das Gebet der Heiligen vor die Majestät Jahwes tragen, und ähnlich lesen wir es bei Johannes in der Apokalypse; dennoch blieb die Rede von einer Siebenzahl der Erzengel in der christlichen Ikonographie lange umfochten und setzte sich erst langsam durch. Hingegen finden wir die *Erzengel Michael und Gabriel* schon früh im offiziellen Bildkanon der östlichen und westlichen Kirche belegt. Als der wichtigste und größte von beiden gilt von Anfang an der Erzengel Michael, der Anführer der Engel (vgl. Dan 10,13.21; 12,1; Offb 12,7-12; 20,2f.; Judasbrief 9), weshalb er oftmals die bevorzugte Stelle zur Rechten Christi einnimmt (vgl. Ps 110,1).

Gleich Israel, das im Erzengel Michael den einzigartigen Fürsprecher des Volkes und Beschützer der Stadt Jerusalem sah, erkannten die Christen in ihm den sicheren Geleiter der verstorbenen Seelen ins himmlische Paradies. Daß der Erzengel Michael als Führer der himmlischen Heerscharen immer schon im Glauben der Kirche eine besondere Bedeutung hatte, zeigt sich darin, daß ihm schon früh viele Gotteshäuser geweiht wurden, meist über alten, auf der Höhe gelegenen Kultstätten der Vorzeit.

Als siegreicher Held wurde der Erzengel Michael schließlich zum Beschützer der Herrschermacht. Kaiser Justinian I. († 565) läßt allein in

Konstantinopel sechs Kirchen unter dem Patronat dieses Erzengels errichten, im Mittelalter gab es sogar 15 solcher Patrozinien. Sein Fest wird im byzantinischen Ritus seit früher Zeit am 6. September (»Wunder in Chonae«) wie auch am 8. November (»Synaxe«) begangen, in der lateinischen Kirche hingegen am 29. September (seit der Liturgiereform gemeinsam mit den Erzengeln Gabriel und Raphael), also in jener Woche zu Herbstbeginn, die zuvor dem Kult Wotans gewidmet war.

Die Frage der Darstellbarkeit

Was im Leben des Glaubens teils wie selbstverständlich angenommen wird, bleibt ein Mysterium, das menschlicher Verstand kaum zu ergründen vermag. So heißt es im Buch der Weisheit (9,16): »Wir erraten kaum, was auf der Erde vorgeht, und finden nur mit Mühe, was doch auf der Hand liegt; wer kann dann ergründen, was im Himmel ist?« Es mag vielleicht leichter erscheinen, Christus und Maria, die Gottesgebärerin, bildhaft darzustellen, weil sie auf Erden gelebt haben; doch wie sollten Bilder von Engeln, den Unsichtbaren und Körperlosen, aufgezeichnet werden?

Die ersten Christen stellten die Engel als junge Männer dar, und zwar vorerst ohne Flügel, um sich auf diese Weise von der außerchristlichen Umwelt mit ihren geflügelten, eher weiblichen Genien und Göttinnen abzusetzen.[22] Seit der Zeit Tertullians erstmalig bezeugt,

---

[22] Gewiß, die Engel »gibt« es nicht so, wie es einen Baum oder eine Hand gibt, sie sind eben geistige Wesen, deren Existenz einzig darin besteht, einem anderen zu Diensten zu sein; deshalb gelten die Engel auch nicht als das *Ziel* des gläubigen Gebetes, dies ist nur Gott selbst; ihm gegenüber tritt der Engel als Bote Gottes zurück, so daß er meist erst im nachhinein erkannt wird, wie Tobit (Tob 12,15) und der Prophet Bileam (Num 22-24) bezeugen. Aber keine äußere Gestalt, nichts Faßbares und Erkennbares macht sie schon zu einem realen »Boten Gottes«, sondern ihre Botschaft.

Schon in den frühen Erzählungen von den Engeln Gottes wird überdeutlich: Der Engel ist keine Gestalt neben oder unter Gott, sondern in seinem Engel berührt Gott selbst mit seinem Reden oder Handeln die Erde. So sind die Engel gleichsam Garanten des Schutzes Gottes und seiner Menschenfreundlichkeit. Speziell der

dauerte es doch weitere 200 Jahre, bis die Engel, wie alle Geschöpfe im Luftraum, ebenso mit Flügeln bildhaft wiedergegeben werden; derart finden wir sie ab dem 4. Jahrhundert immer häufiger in Ost und West bezeugt, und seit ihrer bildhaften Aufzeichnung in S. Maria Maggiore zu Rom (432-440) gehören sie zur christlichen Ikonographie fest dazu.[23]

Wir sehen die Erzengel mit dem Stab der Gerechtigkeit und Herrschaft (nicht jedoch der Wanderschaft), Bakterios oder Rhabdos genannt, da ihnen eine königlich souveräne Macht und besondere Kraft zugesprochen wird, wie in Ri 6,20 beschrieben: »Und der Engel Gottes sprach zu ihm: Nimm das Fleisch und die (ungesäuerten) Brote und leg sie her auf den Felsen, die Brühe aber gieß weg! Gideon tat es. Der Engel des Herrn streckte den Stab aus, den er in der Hand hatte, und berührte mit seiner Spitze das Fleisch und die Brote. Da stieg Feuer von dem Felsblock auf und verzehrte das Fleisch und die Brote.« Ihr Nimbus blieb übrigens zunächst nicht vorgeschrieben, wurde

---

Glaube an Schutzengel wagt es, die Kraft des Schützens, des Behütens und Bewahrens aus der Sphäre eines blinden Schicksals (Amulett etc.) zu lösen und den Lauf der Dinge und des menschlichen Lebens allein Gott selbst anvertraut zu sehen. Für dieses Vertrauen stehen die Engel; sie sind Gottes uns leibhaft geschenkte Hilfe und Nähe, wie es die Namen der Engel bekunden: Gabriel - Gottes Kraft, Raphael - Gottes Heilung, Michael - Wer ist wie Gott? Mit ihrem Beistand stehen die Engel nicht zwischen uns und Gott, auch werden sie nicht unsere Unmittelbarkeit zu Gott behindern, schließt doch der Glaube an Jesus, den Sohn Gottes, jedes vermittelnde Zwischenwesen aus; durch ihn allein haben wir unmittelbaren Zugang zu Gott. Sobald der Engel seinen Dienst getan hat, tritt er zurück, er selber will nicht angebetet und verehrt werden: »Tu das nicht! Ich bin ein Knecht wie du und deine Brüder, die das Zeugnis Jesu festhalten. Gott bete an!« (Offb 19,10; 22,8f.).

23 Es gibt sogar die bildhafte Tradition des »*Christos angelikos*«, wie er in den Visionen der heiligen Hildegard von Bingen († 1179) geschaut ist. - Vgl. Hildegard von Bingen, Scivias: Miniatur 2, Vision I,1: Ich sah »jemanden von solcher Helligkeit sitzen, daß meine Augen seine Helligkeit scheuten. Um ihn dehnte sich zu beiden Seiten wie von wundersam langen und breiten Flügeln ein sanfter Schatten«. Ebenso ist in den Psalmen von den schützenden Flügeln Gottes die Rede (Ps 17,8; 36,8).

aber in der Ostkirche seit dem 5. Jahrhundert üblich und im Westen um 450 sogar obligatorisch.

Nach der Bild-Theologie des Patriarchen *Nikephoros von Konstantinopel*[24] († 829) läßt sich alles Dargestellte auch beschreiben; was jedoch beschrieben werden kann, läßt sich, so behauptet er, noch lange nicht darstellen, es sei denn symbolisch. Auf einer Ikone könne man wohl das äußere Aussehen einer beschreibbaren Realität wiedergeben, nie aber das Wesen, das ihr eigen sei. Bild und Archetypus mögen ihrem Aussehen nach ähnlich sein, nicht aber gemäß ihrem Wesen. Nikephoros verdeutlicht dies an Mose, der goldene Cherubim anfertigen ließ (Ex 25,17-22) und doch wußte, daß die realen Cherubim geistige Wesen sind, unsichtbar und unfaßbar, so daß die goldenen Darstellungen in nichts ihrem wahren Wesen glichen bzw. nur ein schwacher Abglanz dessen waren. Ganz anders die Argumentation des *Johannes von Damaskus*[25] († 749): Da Christus sich uns als Mensch gezeigt hat und sogar die Erzengel anderen erschienen sind, können wir sie in Gestalt und Farbe sichtbar darstellen, so daß wir sie, obwohl überirdische Wesen, in einer menschenähnlichen Gestalt malen dürfen.

Schon 856, also gleich nach dem Sieg über den Ikonoklasmus, wurde der kaiserliche Thronsaal in Konstantinopel ausgemalt, und die Chronik weiß zu berichten: »Rings an den Wänden des Raumes, als Wächter, stehen Engel, Apostel, Martyrer und Priester.« In diesen Bildern dürfen die Gläubigen die Anwesenheit Christi und seiner Heiligen im Himmel wie auch mitten unter ihnen im Templon erkennen.

Bis ins 7. Jahrhundert sehen wir die Erzengel mit einem weißen Gewand als Symbol ihrer Reinheit und Heiligkeit, später jedoch in Purpur, Blau und Violett gekleidet; werden sie in der kostbaren Gewandung des byzantinischen Hofes oder gar in einem kaiserlichen Ornat dargestellt, läßt sich an ihrer höfischen Tracht die jeweils aktuelle

---

24 Vgl. E. Bentchev, Engelikonen, 48f.

25 Ebd., FN 50.

Mode am Hof verfolgen. In ihren Händen tragen sie zuweilen eine Sphärenkugel, später sogar einen Reichsapfel mit dem Kreuz, eine Machtscheibe (Diskus), einen langen Herrscherstab, ein Zepter oder das Labarum. Sind sie bloß mit einer weißen antiken Tunika (Chiton) bekleidet, finden wir auf ihr zwei farbige Zierstreifen (Clavi) als imperiale Würdezeichen eingezeichnet; doch können sie auch mit den langen Gewändern und Stolen (Orarien) der Diakone bekleidet sein, zuweilen sogar von Priestern, Bischöfen und Mönchen. Seit dem 11. Jahrhundert tragen die Erzengel auf russischen Ikonen nicht mehr Sandalen, sondern rote Schuhe. Diese Darstellungsformen erkennen wir an den Abbildungen der beiden Erzengel in der Kirche vom Heiligen Kreuz zu Jerusalem wieder.

Der Globus (Polos) bzw. Diskus, den die Erzengel Michael und Gabriel in ihren Händen tragen, ist wohl dem römischen Kult der weiblichen Victoria entlehnt, von dem sich die frühe Kirche zunächst, wie wir sahen, dezidiert absetzte (deshalb auch die männlichen Namen der Engel). Das Symbol kann für die Weltkugel stehen, also für das gesamte geschaffene Sein; manchmal beschreibt es aber auch - als Schild und Scheibe - ein kaiserliches Siegel. Im Mittelalter nahm der Globus die durchsichtige Gestalt einer Glaskugel oder Sphaira an, wie sie der Erzengel Gabriel auf der Darstellung der neuen Kirche vom Heiligen Kreuz zu Jerusalem in der rechten Hand trägt, und zwar mit dem Sigillum »IC« und »XC« für »JesuS ChristuS«. Russische Malerhandbücher schreiben vor, daß die Globen (zercala: Spiegel) durchsichtig - »wie durch den Nebel gesehen« - sein sollten.

Der Erzengel Michael, der auf dem Deckengemälde im Altarraum der neuen Kreuz-Kirche zu sehen ist, steht, wie schon erklärt, zur Rechten des Siegeskreuzes und trägt ein Rhipidion (Flabellum), also einen liturgischen Fächer, der in der Liturgie von den Diakonen gehalten wird; eine solche Darstellung finden wir besonders, wenn der liturgische Inhalt seines Dienstes am Thron Gottes zum Ausdruck gebracht werden soll.

Leider ist uns die genaue Kenntnis des byzantinischen Farbkanons verlorengegangen, obwohl einzelne »Malerhandbücher« erhalten blieben. Als gewiß mag gelten: Purpur weist auf die Göttlichkeit, Blau auf die Kreatürlichkeit bzw. bei Christus die angenommene Menschheit, während bestimmte Blaufarben auch die Unendlichkeit des göttlichen Wesens bedeuten; Gold wiederum ist ein Zeichen des Himmels, der Ewigkeit, und Weiß der Widerschein der Heiligkeit. Diese Farbtöne finden sich in den meisten Engeldarstellungen wieder, und ebenso in der Darstellung der neuen Kreuz-Kirche.

Gleich Christus, »dem Ebenbild Gottes« (2 Kor 4,4), sind die Heiligen, Engel und Erzengel »Ikonen«, Transparente göttlicher Herrlichkeit. Daraus erklärt sich, daß die Engel und Erzengel einen sehr breiten Raum in der christlichen Ikonographie ein. Sie sind Boten Gottes, Repräsentanten seiner Herrlichkeit, Diener Christi und der Heiligen, vor allem der Gottesmutter und der Martyrer. Die himmlischen Geister beschützen die Menschen und geleiten sie zur Gemeinschaft der Seligen. Da sie die himmlische Liturgie feiern und als Mitliturgen beim Gottesdienst der Kirche tätig sind, gebührt ihnen bzw. ihren Darstellungen ein Ehrenplatz im kirchlichen Raum.

Die Erzengel als Boten

Zwar werden die Engel im Apostolischen Glaubensbekenntnis nicht eigens erwähnt, auch in der Heiligen Schrift finden wir nur wenige Hinweise auf sie; doch im konkreten Leben der Kirche sind die Engel vielfach bezeugt, meist mit recht verschiedenen Funktionen und geistigen Kräften. In der Heiligen Schrift handelt es sich bei dem Wort »Engel« um einen nachträglichen »Sammelbegriff«, der ganz Verschiedenes in sich faßt; im Deutschen leitet sich der Wortstamm vom griechischen »Angelos« ab und besagt »Bote«, denn er ist einer, der im Auftrag eines anderen handelt und so ein Mittler zwischen Gott und Mensch wird.

Der Erzengel Gabriel gilt als der Bote Gottes schlechthin, wurden ihm doch die entscheidenden Botschaften anvertraut, wie Lukas berichtet

(Lk 1,5ff.28ff.); zudem berichten die Legenden, daß er dem neugeborenen Kind seine Passion und Maria ihre Entschlafung voraussagte. Der Islam gibt dem Erzengel Gabriel den bedeutendsten Platz unter den Engeln, da er Mohammed die Offenbarungen überbrachte.

Die Engel als Liturgen

In der neuen Kirche vom Heiligen Kreuz zu Jerusalem sind die beiden Erzengel Michael und Gabriel an entscheidender Stelle dargestellt, nämlich über dem Altar. Wir sehen, wie angeführt, den Erzengel Gabriel mit dem Namen Jesu Christi in seiner Hand, während der Erzengel Michael ein Rhipidion trägt, das während der Göttlichen Liturgie zu Hilfe genommen wird. Was mit einer solchen Unterscheidung der beiden Erzengel angedeutet wird, sei kurz angeführt.

Die »Boten«, welche Gott aussendet, sind zu unterscheiden von den himmlischen Wesen, welche Gottes Thron umstehen, von denen es ganze »Heerscharen« gibt. Die griechische Theologie systematisierte die verstreuten Aussagen der Heiligen Schrift und der gläubigen Überlieferung über die Engel. Der Theologe Dionysius der »Areopagite« (6. Jh.) wiederum gliedert die Hierarchien der Engel in dreimal drei Ränge, von oben nach unten und von innen nach außen: Zunächst sind es die Seraphim (»Entflammer, Glutentfacher«), Cherubim (»Verbreiter der Erkenntnis, Ergießer der Weisheit«) und Throne; sodann folgen die Herrschaften, Mächte und Gewalten und schließlich die Fürstentümer, Erzengel und Engel. Die *Seraphim* und *Cherubim* schützen vor Gottes verzehrendem Licht und weisen auf seine transzendente Gegenwart. Die *Himmlischen Heerscharen* bilden Gottes »Hofstaat« und stimmen sein Loblied an, dem wir uns beim »Sanctus« in der Feier der Liturgie anschließen. An Gottes Stelle steht wiederum der *mal'eak Jahwe*, *der* Engel schlechthin, in dessen Gestalt Gott selbst mit Jakob kämpft (vgl. Gen 22).

Sodann gibt es die *Schutzengel*, welche Gottes Fürsorge für jeden Einzelnen anzeigen; deren Fest begeht die katholische Kirche eigens am 2. Oktober. Nach jüdischer Vorstellung, angedeutet schon im Alten

Testament, und zwar besonders im Buch Daniel, hat jedes Volk einen Engel, der zwischen Gott als dem Herrn der Geschichte und diesem Volk vermittelt; der Schutzgeist und Vertreter Israels im Buch Daniel (Dan 10,13.21; 12,1) ist der Erzengel Michael, den auch die Offenbarung des Johannes anführt (Offb 12,7). Weiterhin gibt es den »*angelus interpres*«, der eine nicht gleich verstehbare Situation ins Wort faßt und verbindlich deutet, so beim leeren Grab Jesu (Mk 16,1-8 par) und bei seiner Himmelfahrt (Apg 1,10f.).

Einen Hinweis auf jene Engel, die unmittelbar Gottes Thron umstehen und ihm in der Göttlichen Liturgie dienen, finden wir in den bronzenen *Rhipidien*, welche sich in der Kirche vom Heiligen Kreuz zu Jerusalem rechts und links an den Seiten des Altares befinden und die Antlitze der Cherubim und der Seraphim tragen. Nach einem theologischen Grundsatz bestimmt die Norm des Betens und der Liturgie zugleich die Norm des Glaubens (Prosper von Aquitanien, Mitte 5. Jh.). In jeder Eucharistiefeier stimmen die Gläubigen in den Lobpreis der Engel ein: »Heilig, heilig, heilig, Gott, Herr aller Mächte und Gewalten. Erfüllt sind Himmel und Erde von deiner Herrlichkeit. Hosanna in der Höhe. Hochgelobt sei, der da kommt im Namen des Herrn. Hosanna in der Höhe.«

Gemeinsame Überzeugung der Kirchenvater in Ost und West ist: Wo Christus, da auch die Engel! Dies gilt besonders für die Liturgie, bei der die Gemeinde einstimmt »mit den tausendmal tausend Engeln, Erzengeln, Thronen, Gewalten und Mächten« in das dreimal Heilig der Seraphim. Dabei spricht die Liturgie den Engeln die höchste Aufgabe der Schöpfung zu, nämlich Gott zu preisen; mit ihrem Loblied darf der Mensch in die Feier der Liturgie eintreten:

> *O Gaben Christi! Droben singen die Heere der Engel, hier unten in den Kirchen singen die Menschen im Chor und ahmen ihren Lobgesang nach. Droben rufen die Seraphim den Hymnus des Dreimalheilig, hier unten senden den gleichen Jubel die Menschen empor. So klingt in Eintracht das Loblied*

der himmlischen und irdischen Schöpfung zusammen. Es ist eine einzige Danksagung, ein einziges Loblied, eine einzige freudige Chorfeier.[26]

Hier wird im Bild und als Vorzeichen der Vollendung der große, nicht verstummende Lobpreis der ganzen Schöpfung dargestellt: Himmlische und irdische Liturgie erklingen in einer einzigen Feier.
Immer von neuem wird das Beispiel der Engel angeführt, die den Gott der Herrlichkeit und allen Erbarmens loben und die Menschen zum Mittun auffordern. Ebenso ruft die Kirche jene Engel, welche vor Gottes Angesicht stehen und vor Scheu ihr Antlitz verhüllen, auf, in ihre Lobgesänge einzustimmen. Der Gläubige, der sich durch den Empfang der Sakramente der Lebensgemeinschaft mit Christus erfreuen darf, ist sogar über die Engel erhoben, gehört er ja jenem Leib an, vor dessen Haupt sich alle Engel beugen.

Nach diesen kurzen Erläuterungen bleibt die Frage, warum die Engel überhaupt so wichtig sind und mit so vielen Worten bedacht werden müssen. Klaus Berger führt hierzu folgendes aus: »Zum jüdischen Dauerthema Mensch und Engel gehört die Überzeugung, daß im Anfang, vor dem Sündenfall, die Engel Adam und Eva dienten. Wovon die Engel übrigens nach jüdischer Überlieferung nicht begeistert waren und wogegen sich Luzifer angeblich empörte, weil er aufgefordert wurde, in Menschen als Gottes Ebenbildern seinen Herrn und Gott anzubeten. Daher waren die Engel heilfroh, als Adam und Eva gesündigt hatten; damit erübrigte sich der Dienst. Adam und Eva hatten der versucherischen Schlange bekanntlich nicht widerstehen können. Nun aber, da in Jesus Christus ein Mensch nicht auf die Versuchung des Teufels hereingefallen ist, lebt die Dienstbarkeit der En-

---

[26] Johannes Chrysostomos, 1. Homilie zu Jesaja 6, 1: »Ich sah den Herrn auf hohem Thron«, 1 (PG 56, 97); übersetzt von L. Heiser.

gel gegenüber dem Menschen wieder auf. Jesus als Sohn Gottes ist der wiederhergestellte paradiesische Mensch.«[27]
Nach Gregorios von Nazianz sind die Engel »zweites Licht«, das vom »ersten Licht«, nämlich Gott stammt. Niemand kann Gott sehen und am Leben bleiben (Ex 33,20); und in diesem Sinn schützen die Engel vor dem verzehrenden Feuer Gottes, vermitteln uns jedoch zugleich seine Nähe und liebende Zuwendung. Der Mensch wiederum steht insofern über den Engeln, als Gott ihn gewürdigt hat, indem er irdisches Fleisch annahm und selbst wurde, was sein eigenes »Bild und Gleichnis« ist. Ebenso hat der Mensch Gott in und mit seinem Leibe zu ehren und preisen.
In der Darstellung der beiden Erzengel Michael und Gabriel zeigt sich in der Kirche vom Heiligen Kreuz zu Jerusalem über dem Altar, was Grundinhalt menschlichen Lebens ist, nämlich gemeinsam mit allen Engeln und Erzengeln den Namen Jesu Christi zu ehren und den dreieinen Gott zu preisen: »Wir danken dir, daß du uns berufen hast, vor dir zu stehen und dir zu dienen«. Es gibt wohl keinen größeren Dienst, den der Mensch ausüben kann, als in der Liturgie den Schöpfer allen Lebens zu verherrlichen und zu lobpreisen, zumal er in diesem Dienst die Würde seiner Berufung durch Gott erfahren darf.

3. Die Symbolik der Pflanzen und Tiere

Wie anfangs gesagt, sollte in der Kirche vom Heiligen Kreuz zu Jerusalem nichts an Dekoration und Zierrat abgebildet werden. Deshalb wundert es, daß im Altarraum und in der unmittelbaren Nähe zum Kreuz Pflanzen und Tiere zu sehen sind, deren unmittelbarer Sinn wohl kaum gleich einsichtig sein mag.
In der Heiligen Schrift werden Mensch und Tier in großer Nähe zueinander gesehen, zumal sie am selben Schöpfungstag erschaffen wurden

[27] K. Berger, Jesus, 258.

(vgl. Gen 1; Ps 36 [35],7; 140,10ff.); beide stehen vor Gottes Angesicht, der sie erschuf und den sie zu preisen haben. Das Tier kann für den Menschen sogar ein Sinnbild und Gleichnis göttlichen Anrufes sein (vgl. Amos 3,8) oder gar ein Sinnzeichen für Gottes Taten, beispielsweise als »Sündenbock« oder »Lamm«, das sich bereitwillig zur Schlachtbank führt läßt (vgl. Jes 53). Dezidiert aber lehnte Israel alle Tiergottheiten ab, sie müssen wie jeder Kult um das »Goldene Kalb« ausgerottet werden (vgl. Ex 32). Im Neuen Testament wiederum werden Tierwesen zu einem Gleichnis ganz unterschiedlicher Inhalte, so daß es heißen kann: »Siehe, ich sende euch wie Schafe unter die Wölfe. Darum seid klug wie die Schlangen und ohne Falsch wie die Tauben!« (Mt 10,16).

»Und nichts hat uns die Heilige Schrift ohne Gleichnisse gesagt«; mit diesen Worten begründet das Buch des *Physiologus* die Tatsache, daß in ihm einzelne Tiere zu einem unerschöpflichen Schatz theologischer Aussagen wurden. Wer dieser »Naturkundige« genau war bzw. wer der Verfasser dieser Schrift ist, wissen wir nicht, doch dürfte sein Werk im 2. oder 4. Jh. in Alexandrien oder Syrien entstanden sein; bis ins Mittelalter wurde es vielfach erweitert und übersetzt, ins Deutsche schon im 11./12. Jahrhundert.[28]

Der »Physiologus« enthält zahlreiche Aussagen über die Tiere aus dem antiken Wissen des Mythos und der Fabelwelt, wobei er sie in Vergleich mit Christus setzt und zur Ermahnung an den Christen werden läßt. Weitere Themen der christlichen Tiersymbolik stammen aus der Frühzeit der Kirche, wie wir sie bei den Ausmalungen der ersten Katakomben, den Sarkophagen oder auch den Mosaiken antreffen. Dabei überrascht besonders die Tatsache, daß sich die Kirche schon so früh auf die Tiere und Pflanzen besann, um gerade in und mit ihnen Grundinhalte des Glaubens zu verkünden. Doch keine Kirche

---

28 Die von Ursula Treu besorgte deutsche Ausgabe (Hanau 1981) bietet die sorgfältigste Übersetzung mit 60 Nummern ohne die Doppeltexte.

der Frühzeit setzte die Botschaft der Evangelien so phantasievoll in Bilder und Lieder um wie die syrische.[29]

Das antike Syrien gehört zu den großen Kulturlandschaften dieser Erde und war ursprünglich vielfach größer als der heutige Nationalstaat gleichen Namens: Im Jahr 395 umfaßte die Diözese Oriens, wie sie die Römer nannten, das nördliche Mesopotamien am Oberlauf des Euphrat und Tigris und im Nordwesten die Gegenden, welche heute zu Kurdistan gehören wie auch zum Nordirak und zur Südtürkei; im Westen reichte das antike Syrien bis zum Mittelmeer und nach Zypern, während im Süden das Kernland Syrien mit der Hauptstadt Antiochia wie auch Phönikien (Libanon) dazugehörten, ebenso die drei palästinensischen Provinzen bis zur Südspitze der Sinai-Halbinsel; die östlichen Grenzen reichten zweitweise über Palmyra hinaus bis nach Dura Europos am Euphrat.

Aufgrund seiner optimalen Lage wurde das antike Syrien zu einem Brennpunkt des kulturellen und wirtschaftlichen Austausches zwischen Abendland und Asien und zwischen Griechenland und Ägypten, doch ebenso - aufgrund seines Reichtums - zum Schauplatz vieler - Auseinandersetzungen. Über lange Zeit blieb Syrien ein Schmelztiegel recht unterschiedlicher weltanschaulicher und religiöser Überzeugungen, wie des alten kanaanäischen Baal- und Astarte-Kultes, des jüdischen Monotheismus, des persisch-iranischen Dualismus, der gnostischen Selbsterlösungslehren, des hellenistischen Sonnenkultes, der neuplatonischen Philosophie und auch der römischen Rechtsauffassung. Mit all diesen religiösen und synkretistischen Verschmelzungen setzten sich die frühen Christen auseinander, ein Prozeß, der wesentlich zur Ausformulierung des frühchristlichen Glaubens beitrug.[30]

---

29 Einen Einblick in den ikonographischen und hymnologischen Reichtum der syrischen Kirche bietet die Studie von L. Heiser, Mosaike und Hymnen. Frühes Christentum in Syrien und Palästina, St. Ottilien 1999 (mit Einf. von M.Schneider).

30 Nach dem Konzil von Chalkedon (451) und der arabischen Herrschaft ab der Mitte des 7. Jahrhunderts wurden die griechisch-orthodoxen Christen wie auch später die mit Rom unierten Gemeinden wegen ihrer Hinwendung zum kaiserli-

Eine solche Auseinandersetzung mit dem antiken Erbe finden wir ebenfalls im *Physiologus.* »Der Naturkundige«, wie er sich nennt, greift auf hellenistische Beschreibungen von Naturerscheinungen zurück und deutet sie auf allegorische Weise. Dabei bereitet er die Darstellung seltsamer, staunenswerter Verhaltensweisen und Phänomene bei Tieren, Pflanzen und Steinen ganz für die Katechese auf, also mit Blick auf Christus und das Leben seiner Jünger. Somit schließen sich dem naturkundlichen Teil jeweils die entsprechenden dogmatischen oder moralischen Auslegungen an, welche mit Bibelzitaten belegt werden. Gerade aufgrund seiner teils recht volkstümlichen Darlegung des Glaubens erfreute sich der »Physiologus« in der frühen Kirche einer großen Beliebtheit.
Wie man der Überzeugung war, daß sich Christi Kraft und Macht besonders in den Engeln und Heiligen darstellt, so glaubte man ebenfalls, daß sie sich besonders in den lichten Tieren wie dem Adler, Hirsches, Lamm und zuletzt dem Löwen aus Juda finden läßt; an ihnen mußte die Macht des Bösen zerschellen. Die Hymnen Ephräms des Syrers († 373) werden nicht müde, die allumfassende Sorge des Schöpfers für seine Schöpfung zum Ausdruck zu bringen, in der den Tieren und Pflanzen ein besonderer Platz zukommt:

Betrachte, mein Sohn, wie gerecht
die Erde ist, in die man legt
das entblößte Weizenkorn,
den nackten Pflanzling:
Mit Nahrung und Kleidern
belädt die Erde beide.
Trauben, die sie nicht entlieh,
erstattet sie;

---

chen Konstantinopel »Melkiten«, also »Königstreue« genannt, und zwar in Absetzung zu den monophysitischen Christen. Beide Kirchen sehen sich als legitime Erben der mit Paulus und Petrus beginnenden christlichen Tradition von Antiochien.

Kapital und Zinsen
gibt sie dem Winzer zurück.
Wieviel mehr wird sie da ihrem Herrn
seine Saaten ohne Zinsen zurückgeben!

Die Erde, die die Kriechtiere
hervorbringt auf göttlichen Befehl hin,
die sogar Tiere mit schädlichen Stacheln
durch ihre Lebenskraft hervorkriechen läßt,
wie sehr wird sie sich über ihren Sohn freuen,
daß er wieder zum Leben erweckt wird,
da sie durch ihn erhoben wurde,
als er gebildet ward,
da die Hand des Schöpfers
ihren Staub ehrte
und unser Herr seinetwegen
sich herabließ und auf ihr wandelte!

Der erbarmungslose Winter,
wie ein Räuber
bricht er ein, und das Gewand
zieht er den Blumen aus.
Nackt betrübt er sie,
ihre Kleider raubend.
In allem
gleicht er dem Tod.
Der allerfreuende Frühling,
das Symbol des Allbelebenden,
gibt das Kleid zurück
den Blumen und den Bäumen.

Gräser und Wurzeln,
Blumen und Blüten

erweckt er in ihrer Schönheit,
trägt ihnen Farben auf.
Der gütige Gott, der um die Blumen,
die ihm kein Darlehen gegeben haben,
sich kümmert in seiner Güte
in allen diesen Dingen,
fern sei es seiner Gerechtigkeit,
daß er beeinträchtigen und vergessen sollte
die Leiber seiner Geliebten
in der Herrlichkeit seiner Wiederkunft!

Und wie ein plötzlich
in der Nacht sich erhebender
gewaltiger Donner
und mächtiger Lärm
die Ruhenden aus dem Schlafe reißt und weckt
und die tief Schlummernden aufscheucht,
so wird es auch bei jener Posaune
des Endes sein:
Ihr Schall wird die Toten erwecken,
nicht aufgrund ihrer Stärke,
sondern weil der göttliche Befehl
der Auferweckung in ihr wohnt.[31]

Schauen wir nochmals auf das Deckenbild im Altarraum der neuen Kirche vom Heiligen Kreuz zu Jerusalem, um uns den Inhalt der Darstellung der verschiedenen Tiere und Pflanzen als Ausdeutung der Kreuzesdarstellung über dem Altar zu erschließen; sie sind in der Tat mehr als ein Schmuckelement, deuten sie doch auf eine recht einfache,

---

[31] Ephräm der Syrer, 49. Lied aus Nisibis 1.3.10f.16 (CSCO 241, 54-57); übersetzt von Lothar Heiser.

aber klare Weise die wesentlichen Inhalte der Botschaft vom Siegeszeichen des Kreuzes an.

Der Papagei

An zentraler Stelle über dem Altar rechts sehen wir einen Papagei, dessen Heimat Indien ist. Im Griechischen wurde er »(p)sittakos« genannt, von wo sich das deutsche Wort »Sittich« ableitet. Im hellenistischen Mittelmeerraum und im Römischen Reich war er wegen seines bunten Federkleides und seiner Fähigkeit, die menschliche Sprache nachzuahmen, ein beliebter Luxusvogel, vor allem vornehmer Damen, auf deren Schulter er zu sitzen kam. Derart sehen wir ihn auf zahlreichen antiken Wandgemälden, aber auch, obgleich in ganz neuer Sinndeutung, in den frühchristlichen Kultgebäuden.

In den Bildkanon der Kirche kam der Papagei durch den »Physiologus«, der an ihm rühmt, daß »die Stimme des Menschen nachahmen« kann; ebenso soll der Christ »die Stimme der Apostel« nachbilden, um Gott zu preisen und »den Wandel der Gerechten« einzuüben, auf daß er deren Herrlichkeit erlangen könne...[32]

Vor allem gilt der Papagei als ein Symbol Jesu Christi, der sich entäußert hat, um den Menschen in allem gleich zu sein, außer der Sünde (vgl. Phil 2). Wie man sich hinter einen Spiegel stellt, auf daß der Papagei durch das Schauen eines Artgenossen die menschliche Sprache lernt, verhält es sich auf ähnliche Weise bei Christus: Da er uns in allem gleich wurde, können wir durch einen Menschen die göttliche Sprache erlernen. Bei Ephräm dem Syrer heißt es hierzu:

Der Mensch, der Sprechen einen Vogel lehrt,
verbirgt sich hinter einem Spiegel, wenn er lehrt.
Wenn der Vogel sich dem Sprechen zuwendet,
findet er vor seinen Augen sein Bild
und meint, daß sein Genosse mit ihm spreche.

---

[32] Physiologus, Nr. 58.

Sein Bild ist vor ihm aufgerichtet,
damit er dadurch die Sprache lerne.

Jener Vogel ist dem Menschen verwandt.
Deshalb hat Christus sich verwandelt in einen Fremden
und gelehrt; durch den Menschen sprach er mit dem Menschen.
Die Wesenheit, die in allem über alles erhaben ist,
hat in ihrer Liebe ihre Erhabenheit herabgeneigt.
Unsere Gewohnheiten erwarb sie von uns
und mühte sich in allem, um alle heimzuführen.

Er zeigte sich an einem Ort und war überall.
Wir wähnten er sei hier, doch er war die Fülle des Alls.
Er wurde klein, um uns zu genügen;
er wurde groß, um uns zu erheben.
Wäre er klein geworden, doch nicht groß,
würde er uns klein und ehrlos gelten,
weil für schwach gehalten; darum wurde er auch groß.

Zwei Lehren wollte er uns geben, daß er war und nicht war.
Er schuf in seiner Liebe sich
das Antlitz seiner Knechte, damit sie ihn schauten.
Damit wir aber nicht Schaden nähmen und wähnten, er sei so,
ging er von Gestalt zu Gestalt, um uns zu lehren,
er habe keine Gestalt. Obwohl er nicht verließ
die menschliche Gestalt, verließ er sie doch durch seinen Wandel.[33]

Der Papagei, wie er auf dem Deckengemälde der Kirche vom Heiligen Kreuz zu Jerusalem zu sehen ist, ist also ein Christussymbol, das die

33 Ephräm der Syrer, 31. Hymnus über den Glauben, 6f.9.11 (CSCO 155,86f.); übersetzt von Lothar Heiser, Mosaike und Hymnen. Frühes Christentum in Syrien und Palästina, St. Ottilien 1999.

Menschwerdung des Erlösers zum Ausdruck bringt: Mit seinem Kommen in diese Welt wie auch seiner Hingabe am Kreuz und seiner siegreichen Auferstehung erschließt er uns das göttliche Wort, das wir von ihm Tag für Tag neu im Umgang mit der Heiligen Schrift erlernen, um es in unserem Alltag zu leben, bis es zur Quelle ewigen Lebens wird.

Der Pfau

Eine weitere Ausdeutung des Altarkreuzes finden wir im Pfau, der aus der Familie der Fasanen-Vögel in Indien stammt. Er galt als ein Symbol der Sonne, der immerwährenden Jugend und vor allem der Unsterblichkeit, in Rom speziell aufgrund der jährlichen Erneuerung seines herrlichen Gefieders. Nach dem Indienzug Alexanders des Großen ist der Pfau im ganzen Mittelmeerraum bekannt geworden: »Als kostbarer und seltener Vogel wurde er bereits im 5. Jahrhundert vor Christus in Athen gezüchtet und auf Samos im Hera-Tempel als heiliges Tier gehalten. Im Farbenspiel seiner Federn sah man ein Abbild des Himmels, seine Augen bezeichnete man als Edelsteine, und die Kopffedern deutete man als Krone. In Rom wurde der Pfau schließlich gebraten und sein Fleisch als unverweslich machende Delikatesse verspeist. Sein Bild fand schnelle Verbreitung im Römischen Reich und in der bunten Palette ausschmückender Darstellungen fehlt es nirgends. Er avancierte zum Attribut der Juno und wurde zum Zeichen der Vergöttlichung verstorbener römischer Kaiserinnen. Häufig ziert er Grabanlagen zur Charakterisierung der elysischen Gefilde.«[34]

Auch wenn die Heilige Schrift den Pfau nicht eigens erwähnt,[35] ist er für den »Physiologus« von großer Bedeutung. Er preist ihn als »den hübschesten unter allen Vögeln des Himmels. Dieser Pfau ist von bunter Farbe und hat schöne Flügel. Er geht umher, sieht sich selbst

---

[34] L. Heiser, Natur und Tiere in frühchristlicher Deutung. Köln 1997.

[35] Dies gilt auch für 1 Kön 10,22.

mit Freude an und schüttelt sein Gefieder, spreizt sich und blickt stolz um sich. Wenn er aber auf seine Füße sieht, wird er ärgerlich aufkreischen; denn es entsprechen seine Füße nicht seinem sonstigen Aussehen«[36]. Der verärgerte Laut wird in allegorischer Auslegung zur Klage des Christen über seine Fehler und entsprechend dem Gleichnis von den zehn Jungfrauen (vgl. Mt 25,1-13) zur Mahnung, Christus dem kommenden Bräutigam nicht mit Ungerechtigkeit und Saumseligkeit behaftet ins Paradies folgen zu wollen: »So auch du, Christenmensch, wenn du deine Aufgaben siehst und das Gute, das du hast, freue dich von Herzen und jauchze in deiner Seele. Wenn du aber deine Füße siehst, das sind deineFehler, rufe klagend zu Gott und hasse die Ungerechtigkeit wie der Pfau seine Füße, damit du vor dem Bräutigam gerecht erscheinst.«[37]

Die Darstellung des Pfaus an der Decke der neuen Kirche vom Heiligen Kreuz zu Jerusalem darf somit als eine weitere Ausdeutung des Kreuzes als Siegeszeichen neuen Lebens verstanden werden. Denn die Schönheit dieses Vogels wurde für die frühe Kirche zu einem Sinnbild paradiesischer Fülle und ewigen Lebens, also der christlichen Auferstehungshoffnung, so daß er in den Katakomben und an den Taufbecken gerne und häufig als Symbol des Paradieses dargestellt ist;[38] wir aber empfangen am Altar das Brot des ewigen Lebens und den

---

36 Physiologus, Nr. 51.

37 Ebd.

38 Augustinus überprüfte in einem Experiment eigens die Unverweslichkeit des Pfauenfleisches, was sich übrigens nach einem Jahr sogar bestätigte (und zwar vermutlich aufgrund des trockenen Klimas). - Die Darstellung der beiden Pfauen neben einer großen Amphora, die von Akanthusblättern umhüllt ist und der ein das ganze Mosaikbild durchziehender Weinstock entspringt, bildet den unteren Teil eines großartigen Mosaikteppichs in der kleinen armenischen Polyeuktoskirche, die im 5. Jahrhundert außerhalb des Damaskustores von Jerusalem errichtet wurde. Die paradiesische Landschaft, durchzogen von Weingirlanden und geschmückt mit zahlreichen Vögeln, macht den ganzen Mosaikboden zum Hinweis auf das ewige, unsterbliche Leben. Sein vieläugiges Gefieder bringt ihn in die Nähe der vieläugigen Cherubim.

kostbaren Kelch der Unsterblichkeit. Die Sinnhaftigkeit einer solchen Darstellung des Pfaus als Symbol ewigen Lebens liegt darin, daß er im Altarraum auf das Kreuz weist, die Quelle allen Lebens, das stärker ist als die Sterblichkeit dieser Welt.

Die Lotusblüte

Ähnlich wie beim Papagei und dem Pfau läßt sich mit dem antiken Symbol der Lotusblüte das Geheimnis des Kreuzes als Baum ewigen Lebens zum Ausdruck bringen. Die weiß- oder blaublühende Seerosenart der Lotusblüte mit ihren großen, runden Blättern galt in der Antike als Symbol für Fruchtbarkeit und Überfluß, weshalb ihre Früchte und Wurzeln gegessen wurden. Im ägyptischen Totenkult war die Lotusblüte ein Symbol der Lebenshoffnung und wurde den Toten ins Grab gelegt. Den Christen hingegen wird der Lotus zu einem Sinnbild der Schöpfung, die aus dem dunklen Wasser hervorgeht und sich in aller Reinheit jenem Licht öffnet, das uns in Christus, dem gekreuzigten und auferstandenen Herrn, erstrahlt.

Der Granatapfel

Er ist ebenfalls ein Sinnbild des Lebens und der Fruchtbarkeit, aber auch der Machtfülle, weshalb eine phönizische Königssäule von einem Granatapfel gekrönt wurde; zudem waren in diesem Kulturraum die Worte für »König« und »Granatapfel« gleichlautend. Die Reichsgottheit Juno trug einen Granatapfel als Zeichen der von Rom regierten Welt. Auf ähnliche Weise hält schließlich der Christusknabe einen Apfel in der Hand und der christliche Herrscher den »Reichsapfel«. Das Alte Testament berichtet vom Granatapfel, den die Kundschafter aus dem gelobten Land mitbringen; er schmückte das hohepriesterliche Gewand und die Kapitelle des salomonischen Tempels. Im Hohenlied wird er zum Ausdruck innerer Schönheit und wahrer Liebe. Bei den Kirchenvätern gilt der Granatapfel mit seinen roten Schalen als ein Symbol der Kirche, ist sie doch geschmückt mit dem Blut Jesu Christi und seiner Martyrer; ähnlich sollen sich die Christen, vor allem

aber die Priester fruchtbar und schön erweisen durch einen geziemenden Lebenswandel. Selbst wenn die äußere Schale des Granatapfels ungenießbar ist, birgt dieser Apfel in seinem Inneren reiche Frucht; so haben die Priester die Geheimnisse Gottes auch in bitteren Situationen zu hüten und den anderen unverdrossen und voller Hoffnung zu verkünden und zu spenden.
Rückblickend zeigt sich, auf welche Weise die Sinnbilder der Pflanzen und Tiere im Altarraum der neuen Kirche vom Heiligen Kreuz zu Jerusalem mehr als ein Element der Ausschmückung sind, sie vertiefen die Botschaft vom Kreuz als der einzigen Hoffnung in dieser heute so bedrängten Erdenzeit und bringen sie in ihrer kosmisch universalen Bedeutung zum Ausdruck.

4. Die Apostelkommunion

Die Apostelkommunion ist auf den beiden Breitseiten des Altarraumes dargestellt: Christus erscheint am linken und rechten Bildrand jeweils vor einem Altar stehend, hinter sich eine Kathedra; seitwärts treten jeweils sechs Apostel hinzu, um von ihm eine der beiden eucharistischen Gaben ehrfürchtig entgegenzunehmen. In der linken Darstellung streckt einer der Apostel die Hände zum Gebet hoch, ein anderer verhüllt seine beiden Hände in einem Mantel und wartet auf den Empfang der eucharistischen Speise. Es handelt sich dabei um einen Gestus aus dem antiken Hofzeremoniell, insofern auf diese Weise die Ankunft des Kaisers erwartet wurde. Ebenso nahmen die römischen Beamten die Dekrete des Kaisers mit den Spitzen ihrer Pallia entgegen, und mit demselben Gestus wurden seine Geschenke in Empfang genommen. Auf gleiche Weise bedeckt der Priester im Morgengottesdienst des slavischen Ritus das Evangelium mit seinem Phelonion. Vier weitere Apostel schließen sich an, leicht nach vorne geneigt. Auf dem anderen Bild der Apostelkommunion hält Christus mit beiden Händen eine große Trinkschale, aus der Petrus, tief vorgeneigt, trinkt; die übrigen fünf Jünger stehen aufmerksam bereit und warten, einer wieder mit verhüllten Händen. Jede Andeutung eines Raumes fehlt.[39]

Der Ritus der Apostelkommunion erklärt sich aus der frühchristlichen Spendung der eucharistischen Gaben. In der Ostkirche ist ab dem 4. Jahrhundert bezeugt, daß der Priester das Brot und ein Diakon den Kelch austeilte, wobei in unserem Bild Christus selbst beide Vollzüge übernimmt, so daß er sogar zweifach zu sehen ist. Die Darstellung der »Apostelkommunion« gibt also eine frühere Praxis der Kommunionausteilung wieder: »Der Gläubige empfing die Gaben des Sakramentes stehend, aber ehrfürchtig verneigt, das Brot nahm er dabei in die hohle rechte Hand, die auf der linken wie auf einem Thron ruhte, weil sie den König Christus aufnehmen sollte; vor dem Empfang der Eucharistie betete der Einzelne für sich, nach dem Empfang des Brotes küßte er dem Priester die Hand; das Verhüllen der Hände ist ein Zeichen der Ehrfurcht vor der Heiligkeit des Herrschers, hier als des Königs Christus«[40], den wir auf unserem Bild - zum Zeichen seiner Würde - in ein Purpurgewand mit einem Goldstreifen gekleidet sehen. Die Apostel tragen keine Schuhe an ihren Füßen. In der Antike war es Brauch, nur einen Fuß zu entblößen; so ist es wenigstens von den mesopotamischen, assyrischen und kretischen Priestern und Göttergestalten, aber auch bei den Galliern überliefert. Es handelt sich dabei um einen heiligen Brauch der Initiation, insofern der Opferpriester auf diese Weise alle Kräfte der über- und unterirdischen Natur für seinen Opferdienst anruft. Während der Kopf ein Symbol des Stolzes sein

---

[39] Vgl. G. Schiller, Ikonographie der christlichen Kunst. 5 Bde., Gütersloh 1966ff.; hier II 38ff.; W. Nyssen, Das Zeugnis des Bildes im frühen Byzanz. Freiburg 1962, 73-76; K. Wessel, Abendmahl und Apostelkommunion. Recklinghausen 1964, 12ff.; H. Becker, Liturgiegeschichte in Bildern. Wesen und Wandel des christlichen Gottesdienstes von den jüdischen Wurzeln bis an die Schwelle des 3. Jahrtausends. Eine Nachlese der Liturgiekonstitution, in: H. Becker u. a. (Hgg.), Gottesdienst - Kirche - Gesellschaft. St. Ottilien 1991, 245-300.

[40] Vgl. K. Wessel, Abendmahl und Apostelkommunion, 17.

kann, unterwirft sich der Mensch mit dem bescheidensten Teil seines Körpers ganz der göttlichen Ordnung. Heute noch ziehen die Moslems am Eingang der Moschee die Schuhe aus, wie es von Mose am Sinai überliefert ist, der auf diese Weise sich voller Ehrfurcht Jahwe nähert, um ganz seinem Willen und Auftrag entsprechen zu können. Die Fußwaschung der Jünger dürfte einen ähnlichen Sinn haben.[41] In der christlichen Ikonographie jedoch werden nur die Heiligen barfuß dargestellt, besonders aber die Apostel, für die es sogar vorgeschrieben ist (vgl. Mt 10,10; Lk 10,4).

5. Der Lichtkranz des siebenarmigen Leuchters

Das Kreuz wird für alle, die am Gottesdienst der Kirche teilnehmen, zur Aufforderung, ihr eigenes Leben unter dessen Geheimnis zu stellen. Ausdruck der Wachsamkeit aber, mit der sich der Gläubige diesem Geheimnis seines Lebens nähert, sind die Kerzen und Lichter der Kirche, besonders im Altarraum.

Es gibt wohl keinen Bereich menschlichen Lebens, der nicht einer »Lampe« und des Lichtes bedarf. Aufgrund dessen wurde die Lampe mit ihrem Licht zu einem Symbol, das alle Erfahrungen des Lebens in sich zu fassen vermag.

In den antiken Tempeln brannten zahlreiche (teils rote) Lichter zu Ehren der Götter, aber auch, um die Dämonen zu vertreiben. In der Heiligen Schrift ist jedes Licht herkünftig von Gott, der mit seinem Licht alles erhellt und den Weg des Menschen beleuchtet. So ist beim Propheten Sacharja von den »sieben Flammen des Leuchters« als den »sieben Augen des Herrn« die Rede, die alles auf der Erde betrachten (4,1-10). Um so härter trifft es Israel, als es bemerkt, wie seine Lam-

[41] Vgl. hierzu weiterhin O. Beigbeder, Lexikon der Symbole. Schlüsselbegriffe zur Bildwelt der romanischen Kunst, Würzburg 1989, 169-171.

pen erlöschen, das Land verödet und der Freudenruf von Braut und Bräutigam verstummt.
Im Neuen Testament wird die Lampe zu einem Symbol der Wachsamkeit und der göttlichen Liebe, die den Menschen aus der Dunkelheit der Sünde herausführt. Die »sieben Leuchter« der sieben Gemeinden im Buch der Geheimen Offenbarung symbolisieren die allumfassende Kirche, in welcher der erhöhte Menschensohn gegenwärtig ist. Schließlich ist die Lampe ein Symbol des Christseins überhaupt, denn: »Gott, der sprach: 'Aus Finsternis soll Licht aufleuchten!', er ist in unseren Herzen aufgeleuchtet, damit wir erleuchtet werden zur Erkenntnis des göttlichen Glanzes auf dem Antlitz Christi. Diesen Schatz tragen wir in irdenen Gefäßen« (2 Kor 4,6f.).
Die Aufforderung zur Wachsamkeit vernehmen wir, sobald wir unter dem Altarkreuz den siebenarmigen Leuchter erkennen, an dem beim Gottesdienst sieben Lichter entzündet sind.

6. Die farbigen Glasfenster

Eine Fortführung der Lichtsymbolik erkennen wir in den acht farbigen Glasfenstern, die in der Kirche vom Heiligen Kreuz zu Jerusalem - nach altem christlichen Brauch - von Osten her ihr Licht empfangen. Hiermit werden Grundaussagen des Glaubens zum Ausdruck gebracht: Im Osten soll das Paradies gewesen sein, in dieser Himmelsrichtung liegt ebenso die Stadt Jerusalem, und von dort erwarten wir die Wiederkunft des Herrn. Auf dies alles hin ist jeder christliche Gottesdienst »orientiert«. So dürfte wohl mehr als ein alter Brauch erfüllt sein, wenn die neue Kirche vom Heiligen Kreuz zu Jerusalem nach Osten ausgerichtet ist, auf Christus hin, die Sonne der Gerechtigkeit.
Die Glasfenster der neuen Kirche vom Heiligen Kreuz zu Jerusalem sind bewußt farbig gehalten, nicht aufgrund alter Reminiszenzen oder gar um mystischer Stimmung willen, sondern weil dem farbigen

Fenster im Kirchenraum eine ihm eigene Bedeutung und theologische Aussage zukommt. Thema der Fenster in der neuen Kirche vom Heiligen Kreuz zu Jerusalem ist, daß die Geschichte der Beziehung Gottes zu seiner Schöpfung und zum Menschen, wie sie in der Heiligen Schrift bezeugt wird, zugleich die Geschichte seiner immer großmütigeren, eindringlicheren Gegenwart in seiner Schöpfung ist, bis er am Ende der Zeiten alles in allem sein wird. Diese Thematik wird auch, wie wir sehen werden, in den neun Ikonen der Theophanie fortgesetzt. Daß es in einer Kirche farbige Fenster gibt, hat eine lange Geschichte und wurde im Mittelalter vielfach reflektiert und theologisch ausgedeutet. So verstand man das Fenster der gotischen Kathedrale als jenen Edelstein, der im Durchscheinen des Lichtes aufleuchtet. Denn trotz der unterschiedlichen Einwirkung der Sonne verbleibt das Glasfenster stets in einer ihm eigenen Helligkeit; damit wird das farbige Licht des Fensters zu einem Gleichnis, von dem Bonaventura in seinem kleinen Werk über die Rückführung der Künste zur Theologie schreibt: »So ist also offen, wie umfänglich der Weg der Erleuchtung ist, und wie in einem jeden Ding, das da gefühlt oder erkannt wird, auf seinem Grunde verborgen Gott ruht.« Für Bonaventura enthalten die farbigen Fenster ein Gleichnis der Menschwerdung des eingeborenen Sohnes: Da sie ihren Farbton dadurch erhalten, daß man Substanzen der Erde nimmt und sie in einem Brennvorgang zubereitet, läßt sich hierin ein Gleichnis für die Inkarnation des göttlichen Menschensohnes sehen, der durch sein Kommen diese Erde zum Leuchten bringt und ihr auf diese Weise die Farbigkeit eines neuen Lebens schenkt. Wichtiger als das bloße Vorhandensein eines farbigen Glasfensters ist, wie Suger von St. Denis († 1151) betont, der Vorgang des Durchstreifens (perlustrans) des Lichtes, in dem der Raum seine ihm eigene Wirkung (pulchritudo) erhält. Aus dem unterschiedlichen Einfall des natürlichen Lichtes empfängt der tote Kirchenbau außer Helligkeit erst seine wahre Lebendigkeit und Vitalität, seine »claritas«, die einen »in-

neren Raum« entstehen läßt, in dem sich seine Schönheit entfalten kann.[42]
Hildebert von Tours (†1134) beschreibt in seinen Kirchweihpredigten die Fenster als jene, »quae [...] mystice aliquid in nobis designant«[43]. Wichtiger als die einzelnen Darstellungen der Fenster ist deren Licht, mit dem sie das einzig wahre Licht (Joh 1,9) als Gottesstrahl weiterleiten.
Dieser Vermittlungscharakter findet seinen trefflichen Ausdruck bei Pseudo-Dionysios[44] und seinem Fenstergleichnis, wonach die Fenster-Substanzen (vitrum) das einströmende Licht ganz in sich aufsaugen, um es sodann als überflutendes Licht dem Innenraum weiterzugeben. Noch Bonaventura verwendet das Bild, daß jemand Spiegel aufstellt, um das Licht aufzufangen[45] bzw. dessen Strahlung abzumildern: Derart versetzt die Sonne die Welt in Glut, daß es in ihrer Hitze niemand aushält (Sir 43,3) und ihr Pfeil Berge in Brand setzt (Sir 43,4); doch der das Licht der Sonne widerspiegelnde Mond läßt mit seinem Glanz die Himmelsgewölbe erglühen (Sir 43,8), da selbst das in ihm gebrochene Licht der Sonne immer noch wie brennende Fackeln leuchtet (1 Makk 6,39. In gleicher Weise vermag der Glaubende durch die Umhüllung des Gottesstrahles die Erleuchtung im Glauben aufzunehmen, bis alle Diener der Liturgie im Tempel zu »leuchten« (Sir 50,6f.) beginnen und ausrufen: »Hier sind wir!« (Bar 3,33-35).

---

42 Abt Suger, De consecratione 100/22. - An der Kirche Saint Denis bei Paris lautet die Bauinschrift über dem Hauptportal, vor dem eine Kirchweihliturgie beginnt: »Nobile claret opus, sed opus quod nobile claret / clarificet mentes, ut eant per lumina vera / ad verum lumen, ubi Christus ianua vera« (De administratione 46/27-48/1).

43 Hildebert von Tours, In dedicatione ecclesiae, sermo tertius (PL 171,736-739, hier 737f.).

44 Pseudo-Dionysios, De ecclesiastica hierarchia 3,14 (PL 3,445f.)

45 Bonaventura, Collationes in Hexaëmeron III 32. - Übrigens handelt es sich hier um eine Funktion, die auch den Mosaiken zukommt.

Betrachten wir nun die Aussage der farbigen Gläser der neuen Kirche vom Heiligen Kreuz zu Jerusalem, indem wir mit der rechten Reihe beginnen. In ihrem unteren Teil sehen wir die Erde, die in ihren Uranfängen »wüst und leer war; Finsternis lag über der Urflut, und Gottes Geist schwebte über dem Wasser« (Gen 1). Auf dem Fenster sehen wir die Wirrnis der Erde dargestellt, erfüllt mit zahlreichen Elementen und Farben; doch dies alles liegt nicht jenseits des göttlichen Wirkbereiches, wie die beiden machtvollen und kräftigen Farbbänder oberhalb und unterhalb anzeigen: Das Chaos ist zusammengehalten vom Geist Gottes, der aus dem Tohuwabohu Neues zu schaffen vermag, wie im oberen Teil des Fensters dargestellt wird. Das Rotorange im Übergang bezeugt Feuer und Glut, so daß das untere Fenster wie vorgesetzt erscheint gegenüber dem oberen.
Dort sehen wir die Schöpfung, wie sie aus den Händen Gottes hervorgeht. Er schied das Licht von der Finsternis und schuf das Gewölbe des Himmels mit der Sonne, dem Mond und den Gestirnen. Auf dem Land ließ er alle Arten von Pflanzen, Bäumen und Früchten entstehen, ebenso lebendige Wesen und Tiere; zuletzt schuf er »als sein Abbild« den Menschen. Ihm schenkte er im Paradies seine Freundschaft, für den Weg der Pilgerschaft das Manna und die Weisung der Thora, auf daß er in allem den Willen Gottes erkenne und so das Leben besitze. Die fünf Bücher der Thora, so will das obere rechte Fenster zeigen, sind der Schöpfung als Grundbuch und Maßgabe allen Lebens eingeschrieben.
In diesem Sinn erkennen wir auf den Abbildungen der rechten Fensterreihe im unteren Teil die Grundfarben der Schöpfung, die von Gott in eine neue Ordnung und Schönheit geführt werden. Wir sehen den Himmel mit seinen Lichtern, aber auch das Manna und die fünf Bücher Mose, die Israel auf dem Weg durch die Geschichte zur Wegweisung wurden. Vom Sinai her, da Gott dem Volk seine Gesetze anvertraute, wird erkennbar, wozu Gott die Welt erschaffen hat, nämlich um Gemeinschaft mit dem Menschen zu haben.

Darin erschließt sich das tiefste Geheimnis der Schöpfung, nämlich die Treue Gottes zu seinen Verheißungen. Sie erfüllen sich im Zeichen des Kreuzes, das sich über der Schöpfung erhebt; es ist ihr wie ein Wasserzeichen eingraviert: Gott schuf die Welt, um ihr einzuwohnen und in sie einzutreten, wie es mit der Ankunft seines eingeborenen Sohnes geschah. Das Zeichen des Kreuzes jedoch ist kein Signum eines geschichtlichen Unfalls: Es verbürgt seit Grundlegung der Welt die Treue Gottes zu seinen Verheißungen, gibt es doch »keine größere Liebe, als wenn einer sein Leben für seine Freunde hingibt« (vgl. Joh 15,13). Dies wird erkennbar an den roten Farbspuren des Kreuzes als Symbolen letzter Hingabe. Das Grundgesetz göttlicher Liebe ist das Hoffnungszeichen der Schöpfung von Anfang an. So trägt das Kreuz rote Spuren der Verwundung, die sich wie Liebeszeichen Gottes im Verlauf der weiteren Darstellungen verstärken.

In der linken Fensterreihe finden wir das Kreuz auf neue Weise der Schöpfung eingraviert, nun jedoch sieghaft aufgerichtet über der Erdenzeit. Denn ihr Antlitz wurde an Pfingsten erneuert, da sie der Heilige Geist mit seiner siebenfältigen Feuergabe erfüllt und ihr das neue Leben schenkt, das allen durch den Kreuzestod und die Auferstehung des Menschensohnes zuteil wurde. Übergroß erkennen wir in der linken Fensterfront das Kreuz, markant errichtet und gezeichnet mit dem Grün des Lebensbaumes und dem Rot des Heiligen Geistes und seiner Gaben, die sich über die ganze Schöpfung ausbreiten und sie aufgrünen lassen. Mit der Neuschöpfung im Heiligen Geist ist die Endzeit angebrochen, die hinüberweist zur Offenbarung des himmlischen Jerusalem, die Johannes auf Patmos schauen darf. Trotz des Sieges am Kreuz, an dem der Tod für immer vernichtet ist, bleiben dem Auferstandenen die fünf roten Wundmale, mit denen er sich den Seinen zu erkennen gibt; wie erkennen die Stigmata des Herrn im Rot des Kreuzes.

Im unteren Teil der linken Fensterreihe schauen wir die festgefügte Stadt, umgeben von den Mauern und Toren, wie Kleinode angeordnet (vgl. Offb 21,10-24) um die Mitte, welche kein Licht und keine Sonne benötigt, denn Gott selbst wird ihr Licht sein (vgl. Offb 2,1.10f.18-21; 22,5). In der Mitte des himmlischen Jerusalem erhebt sich das Zeichen des dreieinen Gottes (vgl. Ex 25,8-31), angedeutet in drei Kreisen, welche in ihrer Mitte die Bundeslade in der Gestalt der Arca tragen: Gott steht zu den Verheißungen seiner Liebe, wie er sie uns in seinem Sohn offenbart hat, und durch das Wirken seines Heiligen Geistes will er alles mit sich erfüllen, auf daß er schließlich alles in allem ist. War es doch der Glaube Israels, daß er sich auf seinem Gnadenthron offenbare, jenem Raum, der zwischen den beiden Cherubim liegt, die auf der Bundeslade angebracht waren (Ex 25,10f.,22). Hier hat er seine Wohnung und nimmt er seinen Sitz. Dies erfüllt sich, wie hier dargestellt, im innersten Geheimnis des dreieinen Gottes, von dem alles im himmlischen Jerusalem sein Licht empfängt, das im Gelb der Bundeslade gleich einem Sonnenlicht aufleuchtet.

Nach dem Seher Johannes gibt es eine Kontinuität im Plan Gottes und seiner Einwohnung vom Exodus bis zum Himmel, wobei der himmlische Tempel die Gegenwart übernimmt, die Gott im historischen Leben seines Volkes hatte (vgl. Offb 21,3). Doch indem Johannes den himmlischen Tempel nach dem Vorbild des Tempels der Stadt Jerusalem schaut, erkennt er dort die Bundeslade, die in dem Augenblick aufscheint, da sich das Reich Gottes naht (Offb 11,19).

Anfänglich erkannten wir auf den beiden Farbbändern, die das Tohowabohu des Chaos zusammenhalten, nur zaghaft die ersten Spuren des göttlichen Geistes, doch sie steigern sich in ihrer Intensität von Fenster zu Fenster, ausgehend vom ersten Rot des Kreuzes über der Schöpfung bis hin zur stärksten Aussagekraft in der Darstellung der Neuschöpfung und des Himmlischen Jerusalem: Was immer Gott schuf, ist ein Erweis seines Heiligen Geistes und seiner liebenden Sorge um seine Geschöpfe, für die der eingeborene Menschensohn gekommen und zum Vater heimgekehrt ist, um ihnen eine Wohnung bei sich zu bereiten.

Die vier Themen der farbigen Fensterbilder, nämlich Chaos, Schöpfung, Neuschöpfung und Vollendung, enthalten entscheidende Grundaussagen orthodoxen Glaubens. Alles, was zu unserem Heil geschehen ist, bleibt ein Werk aller drei göttlichen Personen: Der Vater, Quelle und Ziel des Heils, erschließt den Menschen durch seinen Sohn im Heiligen Geist den Zugang zum innergöttlichen Leben; und was der eingeborene Sohn des Vaters am Kreuz und durch seine Auferstehung für uns offenkundig gewirkt hat, setzt der Heilige Geist in das Innerste unseres Herzens, um es dort zur Vollendung zu bringen.[46]

Schon vor aller Schöpfung »schwebte« der Heilige Geist über dem Abgrund, um schließlich die Erde entstehen zu lassen, den Ort der Inkarnation (Gen 1,1-3). Das ganze Alte Testament ist somit eine Vor-Pentekoste und ein Hinweis auf den verheißenen Messias. Als der Heilige Geist aber auf Maria herabstieg, bildete er aus ihr die Theotokos und offenbarte Jesus als den Christus, den Gesalbten. Aus den Feuerzungen des Heiligen Geistes wird schließlich die Kirche geboren, der Leib Christi. Mit ihr erneuert der Heilige Geist, der göttliche Ikonograph, das Angesicht der Erde und baut die Schöpfung zu einem »Tempel« auf, der von der Schönheit Gottes Zeugnis ablegt, wie sie in der Theologie des Bildes und der Ikone zum Ausdruck gebracht wird. Indem der Heilige Geist die ganze Schöpfung mit sich erfüllt, wird er selber nicht offenkundig, vielmehr verbirgt er sein persönliches Antlitz, um in allem die Macht der Auferstehung des Sohnes erstrahlen zu lassen. Alles in der Neuschöpfung trägt die »Handschrift« der dritten Person, doch er selbst bleibt hinter seiner Gabe verborgen und kann mit ihr sogar verwechselt werden: »Er ist in uns, ohne unsere Stelle einzunehmen; er glaubt, betet, hofft und liebt in uns so, daß er es uns

[46] Vgl. hierzu aber auch C. von Schönborn, Immanente und ökonomische Trinität. Zur Frage des Funktionsverlustes der Trinitätslehre in der östlichen und westlichen Theologie, in: FZPhTH 27 (1980) 247-264; J. Moltmann, Trinität und Reich Gottes. München 1980; H.U. von Balthasar, Theodramatik. Bd. III, Einsiedeln 1980; F. Courth, Das trinitarische Gottesbekenntnis als die Wesensaussage des christlichen Glaubens, in: MThZ 29 (1978) 1-19 (Lit.).

'vormacht' und 'vorsagt', es uns überhaupt erst ermöglicht; aber zugleich sind wir es, die glauben, beten, hoffen und lieben.«[47] Die Offenbarung seines Antlitzes erfolgt erst am Ende der Zeiten, wenn das Werk des Heiligen Geistes vollendet ist, nämlich die Schöpfung in Christus zur Lebensfülle Gottes zu führen.[48] Dies wird in der Abbildung der rechten Fensterreihe darin zum Ausdruck gebracht, daß nun alles vom Feuer des Heiligen Geistes erfüllt ist, selbst die heilige Stadt, das Himmlische Jerusalem.

Ein solches Verständnis von Schöpfung und Geschichte erschließt sich aus der Feier der Liturgie; sie ist für den christlichen Osten die Innewerdung der Kirche und zeitliches Gegenwärtigwerden des göttlichen Heilsplanes im Ablauf der Geschichte: Alles setzt bei der alttestamentlichen Verheißung des Opferlammes ein, wird erfüllt in der historischen Wirklichkeit des Lebens Jesu Christi und läßt ausschauen nach der Hochzeit des Lammes am Ende der Zeiten (Offb 21).

In den Mysterien und Segenshandlungen der Kirche werden einzelne Gaben der Schöpfung genommen, ausgesondert und ihrem ursprünglichen eschatologischen Zweck zugeführt, nämlich um Gott zu dienen, Brot des Lebens und Trank des Heils zu sein. Deren Verwandlung bedeutet nicht, daß sie aufhören zu sein, was sie sind: Brot und Wein, aber sie werden der neuen Schöpfung zugeführt: Die Liturgie ist demnach Zeichen der Annahme wie auch der Verwandlung der Welt, die für die liturgische Schau der Schöpfung niemals aufgehört hat, Gottes Kosmos zu sein. Alles, was wir sind, was wir tun, was uns in dieser Welt interessiert, wird in den Abendmahlsgaben Gott dargebracht, aber so, daß es in seinem tiefsten Grunde nun werden darf, was es eigentlich immer schon war und ist. Im Mysterium der Eucharistie geht es also um keine Auflösung der Kreatur, sondern um deren kosmisch-

---

[47] M. Kunzler, Die Liturgie der Kirche (Amateca X). Paderborn 1995, 87.

[48] Vgl. W. Nyssen, Die Spiritualität der orthodoxen Kirche, in: Pastoralblatt ... 34 (1982) 258-264.

eschatologische Verklärung, »weil der Heilige Geist 'alle Dinge neu' und nicht 'neue Dinge' macht«[49].

Nach Aussage der Heiligen Schrift ist die Schöpfung als kein rein handwerklich (ex nihilo) materielles Objekt ins Dasein gerufen. Vielmehr weisen die Kirchenväter darauf hin, daß Gott zuerst das »Licht« schuf, nicht das Sonnenlicht, sondern das Licht seines »Wortes«, das den Kosmos durchdringt. In diesem Licht wird der ganze Kosmos zu einem »Sakrament« der Gegenwart Gottes. Christus selbst ist das wahre Licht der Welt und damit der Inbegriff, die Kraft und das Ziel allen kosmischen Lichtes. In diesem Licht erhält die Schöpfung ihren Sinn und wird zur letzten Vollendung geführt, wie es im rechten oberen Fenster siegreich von Anfang an im aufgerichteten Kreuzeszeichen angezeigt ist.

Der Prozeß der Neuwerdung alles Geschaffenen beginnt an Pfingsten. Der 50. Tag des Osterfestes bedeutet nach den Regeln der alten Symbolik unüberbietbare »Fülle« (7x7+1). Pfingsten ist Ostern in (Über-) Fülle, in Vollendung. Am Tag von Pfingsten kommt das Osterfest an sein Ende, ohne etwas von seinem Glanz zu verlieren. Ostern gilt als »das Fest der Feste«, Pfingsten hingegen, wie Johannes Chrysostomus sagt, als »die Metropole, die Hauptstadt der Feste«, das größte Fest, das einzige Fest, das allen anderen ihren Festcharakter verleiht. So sehen wir in der linken Fensterreihe, wie sich von oben eine ganz neue Wirklichkeit auftut. Das Pfingstfest kann durch nichts anderes übertroffen werden, es gibt allem seine Gestalt und Lebendigkeit[50], denn alles lebt fortan aus dem Wirken des Heiligen Geistes. Für die mystische Tradition der orientalischen Christenheit bedeutet Pfingsten das Hauptziel der Erlösung des Menschen, weil sich an Pfingsten etwas Neues vollzieht, das so noch nicht da war und durch nichts ande-

---

49 A. Schmemann, Worship in a Secular Age, in: SVTQ (1972) 7; vgl. Offb. 21,5.

50 Olivier Clément beruft sich auf die Vätertheologie, wenn er schreibt: »Das Ziel der Inkarnation, des Kreuzes, der Auferstehung und Himmelfahrt des Herrn ist Pfingsten« (O. Clément, A propos de l'Ésprit Saint, in: Contacts No. 85 [1974] 85).

res übertroffen werden kann: Das Kommen des Heiligen Geistes an Pfingsten schafft ein »Mehr« gegenüber dem Wirken Christi. Vor seinem Heimgang zum Vater verheißt Christus seinen Jüngern das Kommen des Heiligen Geistes: »Ich sage euch die Wahrheit: Es ist gut für euch, daß ich hingehe. Denn wenn ich nicht hingehe, kommt der Beistand nicht zu euch« (Joh 16,7). Das in Christus befreite und erlöste Leben der Neuschöpfung ist fortan bleibend vom Wirken des Heiligen Geistes getragen: Er schenkt dem Glaubenden das Licht der neuen Schöpfung (2 Kor 4,6) und gewährt Anteil an der Auferstehung (1 Kor 12; 1 Kor 14; Röm 12,3ff.), vor allem aber macht er ihn leibhaftig zu einem »Tempel des Heiligen Geistes« (1 Kor 6,13-20). Deshalb schreibt Kyrill voller Erstaunen, daß die Propheten eine Erleuchtung durch den Heiligen Geist empfangen haben, die es ihnen ermöglichte, die Zukunft des Heilsplanes zu erfassen, während die Christen den Heiligen Geist als Gast in sich wohnen haben: »Auch werden wir (in der Heiligen Schrift) Tempel Gottes genannt, während man nie gehört hat, daß einer der heiligen Propheten Tempel Gottes genannt worden wäre.«[51]

Die farbigen Fenster mit ihren Abbildungen erhalten ihre theologische Sicht der Schöpfung und Geschichte aus einer liturgischen Schau der Kosmoszeiten. Von Anfang an erfüllt Gott sein Werk mit den Verheißungen seiner göttlichen Liebe und ebenso nach dem Sündenfall, besonders aber im Kommen seines Sohnes und durch die Herabkunft des Heiligen Geistes, der die ganze Schöpfung in das Himmlische Jerusalem heimführt, an dem wir in jeder Liturgiefeier Anteil erhalten. Mit diesen Ausführungen über den inneren Sinn der farbigen Glasfenster können wir besser verstehen, warum die Mitte jeder Kirche der Altar ist, an dem sich der Anbruch der neuen Schöpfung erhebt nämlich durch das Wirken des Heiligen Geistes.

---

[51] Kyrill von Alexandrien, In Joannis Ev., lib. 5 (PG 73,757B).

7. Die Prothesis - die Bereitung der eucharistischen Gaben

Der Ausblick auf die Endzeit, wie ihn das letzte Fenster vom Himmlischen Jerusalem gewährt, leitet über zum Gabentisch der Prothesis, wo die eucharistische Speise bereitet wird; hier kommen wie in einem Prisma alle Inhalte der Fensterbilder zusammen. Deren Botschaft, die wir soeben betrachtet haben, lautet ja: Die Zukunft ist die Quelle, »aus der Zeit und Welt hervorgehen und sich erneuern. Die Zeit entrollt sich von der Zukunft in die Gegenwart«[52]. Das bedeutet eine letzte »Relativierung« der Zeit: »Die Zukunft ist die Ursprungsdimension der Kontingenz jedes neuen Ereignisses, aber auch die Sphäre, von der wir das Ganzwerden des im Prozeß der Zeit Unabgeschlossenen und Unvollendeten erhoffen.«[53] Der Sinn des letzten Buches der Heiligen Schrift, nämlich der Apokalypse als »Offenbarung« des ganzen Heilsmysteriums Christi, liegt darin, uns, die wir in den letzten Zeiten leben, das verborgene Antlitz der Geschichte zu eröffnen. Es erschließt sich uns im Lamm, das die Verheißungen der göttlichen Liebe erfüllt, indem es sich gehorsam für uns dahingab; in ihm ruht aller Sinn der Geschichte, deshalb gebührt ihm alle Ehre, wie wir sie in der liturgischen Feier bezeugen.

Die byzantinische Liturgie beginnt mit der Gabenbereitung, der Proskomidie. Dabei legt der Priester auf der runden Patene (Diskos) kleine Brotstücke um das »Lamm«, womit er die Versammlung des gesamten Kosmos um das ein für allemal geleistete Opfer Jesu zum Ausdruck bringt. So setzt die Liturgie des Herrenmahles bei der alttestamentlichen Verheißung des geschlachteten und sich für uns hingebenden Lammes Gottes ein, indem das transhistorische und verheißene Geschehen zur historischen Wirklichkeit wird, die im Leben Jesu

---

[52] Chr. Link, »Im Anfang ...«. Aufgabe und Ansatz einer Schöpfungslehre heute, in: W. Grab (Hg.), Urknall oder Schöpfung? Zum Dialog von Naturwissenschaft und Theologie, Gütersloh 1995, 153-175, hier 165.

[53] W. Pannenberg, Das Wirken Gottes und die Dynamik des Naturgeschehens, in: W. Grab (Hg.), Urknall oder Schöpfung?, 139-152, hier 152.

sichtbar wurde und zugleich auf ihre letzte Vollendung am Ende der Zeiten hinweist, dann wird dem Lamm als dem Herrn der Geschichte alles unterworfen werden.

Gewiß, die »Anaphora« der heiligen Gaben und die Darbringung der gesamten Schöpfung in ihnen erinnert an das vergangene Paschamysterium und vergegenwärtigt dieses: »Eingedenk des Kreuzes, des Grabes, der Auferstehung...«. Doch die gottesdienstliche Gemeinschaft weiß sich symbolisch zwischen Vergangenheit und Parusie versetzt. Im Augenblick der Eucharistie durchdringt die himmlische Welt in apokalyptischer Weise die irdische Zeit. Die apokalyptische Dimension der Zeit bestimmt den ganzen Verlauf der Geschichte und allen menschlichen Lebens.

Von dieser himmlischen Liturgie spricht das ganze Buch der Apokalypse. Es werden kultische Gegenstände und Riten genannt, die sowohl im jüdischen als auch im christlichen Gottesdienst beheimatet waren (siebenarmiger Leuchter, Bundeslade, Rauchopferaltar), wie auch Elemente der irdischen Liturgie auf die himmlische übertragen werden (weiße Gewänder, Gesänge, Doxologien): »Der Seher erwähnt nicht umsonst, daß er seine Schauungen an einem 'Herrentag' hat (1,10), also zur Zeit, wo die christliche Gemeinde sich zum Gottesdienst versammelt. So sieht er das ganze endzeitliche Drama im Rahmen des urchristlichen Gottesdienstes« (O. Cullmann). Der Liturge, der am Abend das Rauchopfer im Tempel zu Jerusalem darbringt, wie auch der neutestamentliche Priester, der dies beim Abendgottesdienst in der Kirche vollzieht, sind ein Abbild des Urbildes im Himmel, nämlich des Engels mit dem goldenen Rauchfaß (Offb 8,4). Selbst das Gotteshaus ist, wie wir schon sahen, ein Abbild des himmlischen Tempels, die Gegenwärtigsetzung des »neuen Himmels« und der »neuen Erde« (Offb 21,1), des »neuen Jerusalem« (Offb 21,2), in dem Christus alles in allem sein wird.

Die Verwandlung der Gaben bedeutet nicht, daß sie aufhören zu sein, was sie sind: Brot und Wein, doch sie werden der Neuen Schöpfung zugeführt: »Nicht, daß es so bleiben soll, wie es ist, es soll aber auch nicht aufhören, das zu sein, was es im Grunde ist, sondern das werden, was es eigentlich ist und was die Sünde entstellt hat.«[54] So führt der Heilige Geist die neue Schöpfung herbei, indem er alles vollendet. Für Sergij Bulgakov ist unter Berufung auf Irenäus von Lyon entscheidend, daß die eucharistische Wandlung im theologischen Denken der Väter den Charakter des Brotes als Brot und des Weines als Wein nicht auflöst.

Das ist wichtig, weil es im Mysterium der Wandlung, wie dargelegt, nicht um die Auflösung der Kreatur, sondern um deren kosmisch-eschatologische Verklärung geht, die sich als solche in der Eucharistie antizipatorisch vollzieht: Diese Verklärung der Schöpfung, die der zweiten Ankunft des Erlösers entspricht, ereignet sich in der Eucharistie mysterienhaft, d.h. offenkundig nur für die Augen des Glaubens. Was sich im Mysterium vollzieht, wird am Ende der Zeiten dem ganzen Leib Christi, der die Menschheit ist, zuteil. Denn »es handelt sich nicht um die Verwandlung der 'Natur' in die 'Übernatur', sondern des Alten ins Neue. Ein Sakrament (mysterion) ist so nicht ein 'Wunder', durch das Gott die 'Gesetze der Natur' aufhebt, sondern in ihm wird die letzte Wahrheit ausgesagt über die Welt und das Leben, den Menschen und die Natur, die Wahrheit, die Christus selber ist«[55]. Die kosmischen Dimensionen der liturgischen Feier reichen bis in das Innerste des Menschen. Durch das Geschenk des göttlichen Lebens nimmt der Mensch schon in der Weltzeit teil an der Liturgie der Ewigkeit. Indem er sich durch die Feier der Eucharistie in die trinitarische Versiegelung hineinnehmen läßt, wird er durch die Teilhabe am Leben des dreieinen Gottes und im Wissen um die Verwandlung der Erden-

---

[54] A. Schmemann, Worship in a Secular Age, in: SVTQ 1972, 7. - Deshalb wird von vielen orthodoxen Theologen heute die kosmische Dimension der Eucharistie hervorgehoben. Hierzu K.C. Felmy, Orthodoxe Theologie der Gegenwart. Eine Einführung, Darmstadt 1990, 188-218, und J. Zizioulas, Die Welt in eucharistischer Schau und der Mensch von heute, in: US 25 (1970) 342-349.

[55] A. Schmemann, Aus der Freude leben. Ein Glaubensbuch der orthodoxen Christen, Olten 1974, 127f.

zeit Tag für Tag erneuert und gestärkt. Die Eucharistie in dieser Welt ist bereits etwas ganz anderes als die Welt; sie feiert - wie die Kirchenväter darlegen - die ewige Eucharistie im Reich Gottes.[56]

Die Liturgie vollzieht sich nicht als ein gottesdienstlicher Vollzug in weltferner Innerlichkeit, sondern als Gottesdienst mitten in der Welt, und zwar unter Hineinnahme der ganzen Schöpfung und Heilsgeschichte, ja, sie ist Gottesdienst in der Welt und Gottesdienst der Welt. Karl Rahner führt hierzu aus: »Der Gottesdienst der christlichen Kirche ist nicht 'eine seltsame ausgesparte neue Sonderregion im profanen Leben' und damit nicht nur 'göttliche Liturgie in der Welt', sondern 'göttliche Liturgie der Welt' und damit Erscheinung der göttlichen Liturgie, die mit der Heilsgeschichte identisch ist.«[57] Nicht anders heißt es bei Irenäus von Lyon: »Wir bringen in den heiligen Gaben die ganze sichtbare Natur dar, damit sie zur Eucharistie werde.«[58] In diesem Sinn existiert in der Tat kein Dualismus von Gottesdienst und Welt, von Heiligem und Profanem.

Die Botschaft, wie wir sie soeben in den Farbfenstern und ihrer unmittelbaren Nähe zur Prothesis betrachtet haben, bündelt sich in der Bereitung der eucharistischen Gaben. Ausdruck dessen ist auch die Ikone von der Geburt des Erlösers, welche an keinem Tisch einer Prothesis fehlen darf.

---

[56] »Der christliche Orient besaß von seinen Ursprüngen an einen kosmischeren Sinn, was nicht ohne Zusammenhang mit den griechischen Quellen ist. Bei Origenes, Gregor von Nyssa und Maximos dem Bekenner ist die kosmische Gnosis weit stärker als in der lateinischen Patristik. Dies fand seinen Ausdruck sowohl in der Liturgie als auch im Leben der Heiligen. Nicht die Rechtfertigung, sondern die Verklärung des Menschen und der gesamten Schöpfung mit ihm ist hier zentral« (P. Evdokimov, L'Orthodoxie. Neuchatel-Paris 1959, 244f; zitiert nach R. Hotz, Sakramente im Wechselspiel von Ost und West. Olten-Freiburg- Zürich 1979, 193).

[57] K. Rahner, Zur Theologie des Gottesdienstes, in: ders., Schriften zur Theologie. Bd. XIV, Zürich 1980, 227-237, hier 237.

[58] Irenäus von Lyon, Adv.haer. V 18,5.

Zunächst mag es erstaunen, daß weder im Apostolicum noch im Nicaeno-Constantinopolitanum das Sakrament der Eucharistie erwähnt wird. Gewiß, sie ist in der »communio sanctorum« mitgemeint, doch wird im Credo von 381 nur die Taufe erwähnt, nicht die Eucharistie oder die Gemeinschaft der Heiligen. Doch die frühe Kirche erkennt einen unmittelbaren Zusammenhang bzw. eine Übereinstimmung zwischen der Inkarnation und der Eucharistie. Indem das Nizaenum in der Eucharistie gesprochen wird, wird die Fleischwerdung des Gottessohnes im Sakrament der Eucharistie vergegenwärtigt gesehen.
Schon in der Brotrede von Joh 6,57f. erscheint die Eucharistie als sakramentale Vergegenwärtigung der Inkarnation, wie nach Aussage dieses Kapitels im Johannesevangelium auch die Menschwerdung auf die Eucharistie hinstrebt und sich in ihr vollendet. Die Eucharistie stellt die sakramentale Vergegenwärtigung der Inkarnation dar, denn sie gibt Anteil am Geheimnis der Inkarnation: Wie der Logos menschlichen Leib annahm und damit unsere Natur vergöttlichte, so wandelt der Heilige Geist Brot und Wein in den makellosen Leib und das kostbare Blut Christi.
Mit der Proskomodie und der anschließenden Feier der Liturgie erfüllen sich jene Verheißungen, die im Altarraum auf den Bildern und in den Fenstern dargestellt sind, beginnend mit dem Siegeszeichen der Auferstehung und im Anbruch der neuen Schöpfung, die sich unter dem Wirken des Heiligen Geistes aus der alten Schöpfung erhebt und ihre Vollendung findet im Himmlischen Jerusalem, an dessen ewigem Hochzeitsmahl des Lammes wir schon jetzt am Altar in jeder Liturgie teilhaben dürfen.

III. Die Darstellungen vor der Ikonostase

Das zweite Bild, welches von Herrn Oleg Kuzenko nach dem Kreuz über dem Altar gemalt wurde, war die Deesis. Noch im 16. Jahrhundert bezeichnete man die ganze Ikonostase als »Deesis«, gelten doch alle dargestellten Heiligen als zuverlässige Fürsprecher der Gläubigen am Thron göttlichen Erbarmens, und werden als solche im Leben wie im Gottesdienst der Kirche immer wieder angerufen.

1. Die Deesis

Die Abbildung der Deesis in der neuen Kirche vom Heiligen Kreuz zu Jerusalem zeigt Christus als den eingeborenen und am Ende der Zeiten wiederkehrenden Menschensohn, umgeben von den beiden großen Gestalten der Fürbitte für das Menschengeschlecht, nämlich von der Allheiligen Gottesgebärerin und dem ruhmreichen Propheten, Vorläufer und Täufer Johannes. Beide stehen ehrfurchtsvoll gebeugt vor dem Herrn ihres Lebens und Glaubens, der ihnen mit seinem aufgeschlagenen Buch in Händen seine Worte verheißt: »Ich bin der Weg und die Wahrheit und das Leben« (Joh 14,6). An den Ecken dieses großen Bildes erkennen wir die Symbole der vier Evangelisten, welche die Botschaft Christi in die ganze Welt tragen.

Der Menschensohn auf den Wolken des Himmels

Um 1400 entstand in Rußland - auch unter Einfluß aus dem Westen - das Bild vom »Erlöser in den Himmlischen Mächten«, wie wir es an der Decke vor der Ikonostase der neuen Kirche vom Heiligen Kreuz zu Jerusalem sehen. Die ersten Zeugnisse einer solchen Darstellung reichen bis in die frühe Zeit der christlichen Miniaturen und Fresken: Christus wird auf dem Thron in einer Mandorla dargestellt, umgeben von Scharen der Engel; in den vier Enden eines großen Sterns dahinter sieht man den Tetramorph mit den Symbolen der Evangelisten.

Auf dem Bild von Christus dem »Erlöser in Herrlichkeit« erscheint der Menschensohn als Richter des Jüngsten Gerichts, dessen Thron die himmlischen Mächten der Cherubim und Seraphim umstehen. Die Gestalt des weißgekleideten Menschensohnes ist in einen leuchtendroten Rhombus eingeschrieben, den ein blau-grünes Oval umgibt. Der Strahl seiner Herrlichkeit reicht bis zu den vier roten Ecken, was den irdischen Bereich symbolisiert, umgeben von den vier Evangelisten mit ihren Symbolen. Doch zugleich erscheint Christus als Schöpfer einer neuen, vollkommenen Welt, indem er über den Tag des Gerichtes hinausweist auf die Erfüllung der Geschichte in einem neuen Äon, wie er es selber verheißen hat.
Traditionell wird diese Darstellung gerne belegt mit Sir 17,5, doch der Septuaginta-Vers weicht ziemlich vom Vulgatatext ab und wurde in der Einheitsübersetzung sogar gestrichen, unter Hinweis von: »Entfällt. Später Zusatz.« Bentchev führt hierzu in seiner Studie über »Engelikonen« aus:

> *Der Septuaginta-Text lautet auf Deutsch:* Sie empfingen den Gebrauch der fünf Gewalten (energima) des Herrn, als sechste wurde ihnen Anteil am Verstande gegeben und als siebte der Geist, der Deuter seiner Gewalten ist. *Im Glauben der hellenistisch-spätjüdischen Tradition wurden die Gewalten von göttlichen Wesen, die selbst durch die kosmischen Mächte (Elemente) beherrscht wurden, ausgeübt. Die Vorstellung von den Elementarmächten ging wiederum auf die antike Lehre von den alles Irdische bedingenden Elementen zurück. Ursprünglich sah man in den himmlischen Mächten wohl jene Geister, die die sichtbare Welt regieren. Ihnen wurde die Lenkung der Gestirne und die Bewegung der Elemente (Elementargeister), ja der ganze Lauf der Natur und des Kosmos zugeordnet; durch sie wirke Gott in seiner Schöpfung. Diese Vorstellung wurzelt in spätjüdischer und neuplatonischer Anschauung, daß Gott wegen seiner Transzendenz nur mittels*

Zwischenwesen mit der Welt in Berührung komme. Im Hintergrund steht auch der heidnische Glaube, Gestirne und Elemente seien beseelt. Solche Vorstellungen bedeuteten für das junge Christentum eine beträchtliche Gefahr, und Paulus setzt sich in seinen Briefen gegen eine göttliche Verehrung dieser Wesen kräftig zur Wehr. Die Mächte und Gewalten können so sehr vom eigentlichen Christusglauben ablenken, daß sie, losgelöst von Christus, dämonischen Charakter annehmen und Werkzeuge Satans werden. Der Apostel spricht davon, daß Christus die Mächte und Gewalten am Ende der Zeiten vernichten werde (1 Kor 15,24). Nachdem die ersten Konzilien die Christuswürde tiefer erfaßt und herausgestellt hatten, verloren die Spekulationen um die Elementargeister an Bedeutung, und die orthodoxe Kirche sieht in den Gewalten und Herrschaften nur mehr dienende Mächte, die Ausdruck der liebenden Sorge Gottes um seine Schöpfung sind; gänzlich auf Christus hingeordnet, vollbringen sie seinen Auftrag und erfüllen den Willen des Vaters im Himmel. Der Apostel Paulus meinte genau diese, als er warnte: So waren auch wir, solange wir unmündig waren, Sklaven der Elementarmächte dieser Welt (Gal 4,3); gebt acht, daß euch niemand mit seiner Philosophie und falscher Lehre verführt, die sich nur auf menschliche Überlieferung stützen und sich auf die Elementarmächte der Welt, nicht auf Christus berufen (Kol 2,8). *In gewissem Sinne paraphrasieren Ikonen des 'Erlösers in den Himmlischen Mächten' die Warnungen des Paulus und führen durch das anschauliche Bild des Pantokrators jegliche heidnische oder häretische Lehre ad absurdum.*[59]

Die Urgestalt der Deesis, deren erste bildhafte Zeugnisse schon in der Mitte des ersten Jahrtausends zu finden sind, geht auf frühe Marienle-

---

[59] I. Bentchev, Engelikonen, 78.

genden zurück, nach denen die Gottesmutter mit Johannes dem Täufer beim Letzten Gericht fürbittend um Gnade fleht.[60] In diesem Sinn erscheinen sie auch auf dem Deckenbild der neuen Kirche vom Heiligen Kreuz zu Jerusalem. Doch gilt es zu erfragen, warum gerade sie im Glauben der orthodoxen Kirche als die großen Fürbittgestalten der Menschheit gelten.

Die Gottesgebärerin

Auf der rechten Seite von Christus sehen wir die allheiligste Jungfrau und Gottesgebärerin, wie es bei der Proskomidie heißt: »Die Königin hielt sich zu deiner Rechten, geschmückt mit golddurchwirktem Gewand.«

Auch wenn der Bildtyp eines Marienbildes in der Ostkirche sehr konstant bleibt, ist seine Benennung recht uneinheitlich; sogar unterschiedliche Bildtypen können den gleichen Namen tragen, sobald sich ihre Vorbilder in ein- und derselben Kirche befanden, die ihnen allen dann den Namen gibt. Die Haupttypen der Marienbilder entstehen schon zwischen 400 und 700. Den vielen Marienikonen ist ihre Darstellungsform gemeinsam: Die Gottesgebärerin trägt ein purpurnes oder blaues Gewand, und dieselbe Farbe sehen wir an ihrem mantelartigen Tuch, das sich über ihr Haupthaar und die Schultern legt. Dieses Maphorion trägt drei Sterne, in der Frühzeit drei Kreuze, nämlich an der Stirn und an den beiden Schultern der Gottesgebärerin: Sinnbild ihrer dreifachen Jungfräulichkeit (»vor, während und nach der Geburt«) wie auch der Dreifaltigkeit. Ihr Name wird angegeben mit »MPΘY« (»Muttergottes«).

---

60 Eine solche Darstellung bezeichnet man als »Kleine Deesis«. Bei einer Engel-Deesis ist Christus (oder sein Symbol) von den zwei Erzengeln Michael und Gabriel umgeben. In der »erweiterten Deesis« sehen wir neben Maria und Johannes noch andere Heilige, vor allem auch die Apostel, aber links und rechts von den Engeln.

Johannes der Täufer

Der heilige und ruhmreiche Prophet Johannes der Täufer wird von der Kirche ebenfalls als Fürbitter angerufen. Oft sehen wir ihn in der orthodoxen Tradition auch mit Flügeln abgebildet, denn er führte in der Wüste ein »engelgleiches Leben« und erwies sich als der wahre »Bote« schon vor dem Kommen des Herrn; alles in seinem Leben blieb auf die Ankunft des »Bräutigams« ausgerichtet, dessen »Freund« er bis in den Tod hinein blieb. Für »den Freund des Bräutigams«, wie das Johannes-Evangelium (3,29) den Täufer und Wegbereiter bezeichnet, fand Jesus die schönsten Worte:

> *Was habt ihr denn sehen wollen, als ihr in die Wüste hinausgegangen seid? Ein Schilfrohr, das im Wind schwankt?* [...] *Einen Mann in feiner Kleidung?* [...] *Einen Propheten? Ja, ich sage euch: Ihr habt sogar mehr gesehen als einen Propheten* [...]. *Ich sage euch: Einen größeren unter den von Frauen Geborenen als Johannes gibt es nicht* (Lk 7,24-28).

In alten lateinischen Martyrologien und erst recht in griechischen Büchern zur Liturgie findet sich das Fest seiner Empfängnis schon früh am 24. bzw. 23. September bezeugt. Da Jesus ihn als den »Größten unter den von einer Frau Geborenen« preist, wird neben der Geburt des Erlösers und der Gottesgebärerin auch seiner Empfängnis gedacht. Denn viele werden sich, so verheißt der Erzengel Gabriel, über seine Geburt freuen (Lk 1,14), da in ihm die Morgenröte des neuen Heils aufleuchtet. Im Festtroparion heißt es vom Vorläufer:

> *Unfruchtbare, die du nicht geboren, freue dich! Denn siehe, du hast den empfangen, der eine rechte Fackel war für die Sonne, die da kam, um den ganzen an Blindheit kranken Erdkreis zu erleuchten. Frohlocke, Zacharias, rufe laut: Des Höchsten Prophet soll geboren werden.*

Am 29. August wiederum gedenkt die Kirche der Enthauptung des erhabenen Vorläufers Johannes. Es handelt sich hierbei um den Jahrestag der Weihe einer Kirche in Samaria, von wo aus sich das Fest in der Kirche verbreitete. Die dreifache Auffindung seines Hauptes begeht die Liturgie am 24. Februar und am 25. Mai.

Die besondere Auszeichnung des Täufers zeigt sich darin, daß sich der Erlöser aller Menschen von ihm taufen ließ. Aufgrund der eigenen Sündlosigkeit bedurfte er keiner Umkehrtaufe, doch es sollte sich auf diese Weise die Gerechtigkeit erfüllen. Die Taufe des Johannes weist auf die wahre Taufe mit Heiligem Geist, welche wiederum auf die christliche Taufe bezogen ist (vgl. Mt 3,11b): Indem sich der Täufer bereiterklärt, die Taufe Jesu empfangen zu wollen, tritt er in unmittelbare Nähe zur christlichen Gemeinde; in Jesu Worten: »Denn so ziemt es sich...« (Mt 3,15) sind Täufer und Gemeinde aufs engste miteinander verbunden. Die Taufe Jesu vollzieht zudem einen stellvertretenden Sühneakt, und zwar als Vorwegnahme seines Sühnetodes (Mt 3,15). Mit der Öffnung des Himmels verändert sich die Situation des Menschen grundsätzlich, wird doch nun offenbar, daß Jesus selbst der wahre Täufer in Geist und Feuer ist (Mt 3,16): Wer ihn als solchen erkennt wie der Hauptmann unter dem Kreuz (Mt 27,54) und wer auf ihn gläubig hört (Mt 17,5), wird die Vergebung all seiner Sünden finden.

Nun stellt sich die Frage, welcher Art die Fürbitte ist, die der Darstellung in der neuen Kirche vom Heiligen Kreuz zu Jerusalem die Bezeichnung »Deesis«, also »Fürsprache«, gibt. Eine Antwort findet sich in der Feier der byzantinischen Liturgie. In ihr werden nämlich die eucharistischen Gaben dargebracht »für« die Heiligen und »alle im Glauben Vollendeten«. Es handelt sich hier um eine Formulierung, welche die Basilius-Liturgie vermeidet, mit der die Chrysostomus-Liturgie aber zum Ausdruck bringt, daß die eucharistische Gegenwart des Herrn die ganze Kirche umschließt und allen in gleicher Weise Anteil am Heil schenkt. Indem sich die Gemeinde in der Liturgie der Fürbitte der Heiligen anvertraut, betet sie auch ausdrücklich *für* sie:

Noch bringen wir diesen geistigen Gottesdienst dar für *die im Glauben ruhenden Vorväter, Väter, Patriarchen, Propheten, Apostel, Prediger, Evangelisten, Martyrer, Bekenner, Asketen und für jeden Gerechten, der im Glauben sein Leben vollendet hat: insbesondere* für *unsere allheilige, makellose, hochgelobte und ruhmreiche Herrin, die Gottesgebärerin und immerwährende Jungfrau Maria.*

Daß das eucharistische Opfer ausdrücklich auch *für* die Heiligen dargebracht wird, führt Michael Kunzler wie folgt aus: »Damit unterscheidet sie [die ostkirchliche Vorstellung] sich in einer eigenen Theologie der Vollendung der Heiligen im Himmel vom Abendland, für die im strengen Sinn Fürbitte zu leisten schon Augustinus als 'iniuria' bezeichnet hatte. So sagt die byzantinische Theologie, daß auch die Heiligen des Himmels durch diesen Ausdruck der Gemeinschaft einen geistlichen Gewinn haben. Sie weiß sie zwar schon in der Herrlichkeit des Himmels, aber die Fülle des Reiches Gottes muß auch von ihnen noch erwartet werden. Sie ist erreicht am letzten Tag, wenn alle Menschen, auch die noch zukünftig geborenen, welche zu Christus gehören, seinen geheimnisvollen Leib, der die Kirche ist, vollendet haben. Bis dahin sind alle Verstorbenen, sogar die Heiligen, noch nicht die 'im Glauben Ruhenden', sondern leben in einer erwartenden Spannung von 'schon' und 'noch nicht', über Christus verbunden mit der Kirche der auf Erden Lebenden und der Verstorbenen. Die Seligkeit aller im Glauben durch den Tod Vorangegangenen wächst in dem Maß, wie die mit ihnen verbundenen, noch auf Erden lebenden Menschen im sicheren Hafen des himmlischen Heils ankommen, und damit ist das Höchstmaß ihrer Seligkeit erst erreicht, wenn die Fülle der Erlösten bei Gott sein wird. So gesehen, gilt das Gebet 'für' die Heiligen mehr der Kirche auf Erden als diesen selbst. Über Christus mit ihnen verbunden, richtet sich die Gemeinde aus auf die einstige Gemeinschaft mit ihnen, wenn die Fülle des Reiches Gottes anbricht.«[61] Die Fürbitte der Heiligen meint keinen »Instanzenweg«, sie bezeugt die universale Heilsgemeinschaft im Glauben.

Der Dienst für- und aneinander im Glauben konkretisiert sich gerade im Gebet: Wie Jesus für alle anderen bittet (Mk 10,35-45; Lk 13,6-9; 23,34; Joh 14,14; 15,16; 16,23f.26f.) und der Apostel für seine Gemeinde betet (Röm 1,9f.; Phil 1,3-5), so hat auch jeder Glaubende im Gebet vor Gott für die anderen einzutreten; dies dürfen wir vor allem von den erhabenen Fürbittern erwarten und erbitten, nämlich von der Gottesgebärerin und dem ruhmreichen Propheten, Vorläufer und Täufer Johannes.

Die Heiligen, die in ihrer Liebe vollendet und vollkommen sind (Thomas von Aquin), erfüllen im Himmel den Dienst ihrer Liebe dadurch, daß sie für die anderen beten (Origenes[62]): Die Heiligen beten bei Gott in Erfüllung ihrer Nächstenliebe![63] Der fürbittende Dienst, den die Heiligen ausüben, nimmt teil am missionarischen Auftrag und Ziel der Kirche[64] und ist auf das Heil und die Heiligung aller ausgerichtet, auf

---

[61] M. Kunzler, Archieratikon. Einführung in Geist und Gestalt der bischöflichen Liturgie im byzantinischen Ritus der griechisch-katholischen Kirche der Ukraine, Paderborn 1998, 341f.

[62] Vgl. Origenes, De orat. ii (ed. Koetschau, 322).

[63] Die Verehrung der Heiligen ist die besondere Gestalt der über den Tod hinaus bewahrten Verbindung mit dem Nächsten und der Liebe zu ihm; es geschieht in ihr nichts anderes als in der Nächstenliebe: Von der liebenden Verehrung der Glieder des Leibes in der pilgernden Kirche, also der konkreten Nächstenliebe, unterscheidet sich die Heiligenverehrung nicht dem Wesen nach, sondern in der Form der Realisierung.

[64] »Das Wesen des Christusgeschehens ist [...] die Vereinigung, das Wiederzusammenführen der verstreuten Glieder der Menschheit zu einem Leib. Sein Zeichen ist das Pfingstgeschehen, das Wunder des Verstehens, das die Liebe schafft, die das Getrennte zur Einheit bringt. In der Mission vollzieht so die Kirche das eigentliche Wesen der Heilsgeschichte, das Mysterium der Vereinigung. Mission geschieht, um das Pfingstwunder zu vollenden, die Zerrissenheit, die den Körper der Menschheit spaltet, zu heilen. [...] So wird in der Mission erst sichtbar, was Kirche ist: Dienst am Geheimnis der Vereinigung, das Christus in seinem gekreuzigten Leibe wirken wollte« (J. Ratzinger, Wesen und Grenzen der Kirche, in: K. Forster [Hg.], Das Zweite Vatikanische Konzil. Würzburg 1963, 68).

daß alle »Anteil haben am Los der Heiligen, die im Licht sind« (Kol 1,12). Das hier angesprochene Grundgesetz des Glaubens erhält seine besondere Bedeutung am Ende der Zeiten: Der Glaubende, der vor Christus, seinen Richter, tritt, wird dem ganzen Leib des Herrn und allen Gliedern dieses Leibes begegnen. Gott richtet eben nicht allein, sondern mit ihm auch Maria und alle »Heiligen«: Ihre Fürsprache wird im Gericht Gottes ein inneres Gewicht sein, das die Waagschale zum Sinken bringen kann.[65]

Im dargelegten Sinn erweist sich die »Deesis«, wie sie in der Kirche vom Heiligen Kreuz zu Jerusalem abgebildet ist, als eine große und trostvolle Verheißung: Indem sich die Gläubigen unter diesem Bild versammeln, wissen sie sich nicht nur untereinander geeint, sondern auch in Einheit mit allen Heiligen, vor allem mit der Gottesgebärerin und Johannes dem Täufer. Vereint im gemeinsamen Gebet und in der Fürbitte füreinander schauen die Gläubigen, die sich vor der Ikonostase versammelt haben, voller Hoffnung und Zuversicht auf das künftige Erbe, das ihnen und der ganzen Welt verheißen ist.

2. Die Evangelisten-Symbole

An den Enden des Deckenbildes sehen wir in der neuen Kirche vom Heiligen Kreuz zu Jerusalem die vier Evangelistensymbole, die, wie erwähnt, unmittelbar zur Darstellung der Deesis dazugehören und ursprünglich an ihren vier Enden abgebildet sind, doch hier umgreifen sie den ganzen Gläubigenraum.[66] Sie erklären sich aus theologischen Überlegungen im Rückgriff auf die Ezechiel- und Johannes-Visionen.

---

[65] Vgl. M. Schneider, Leben in Christus. Kleine Einführung in die Spiritualität der einen Kirche aus Ost und West, St. Ottilien 1996, 30-32.

[66] Vgl. W. Loeschcke, Apostel und Evangelisten. Recklinghausen 1976, 7ff.

Zuweilen werden die vier Wesen viergesichtig (»Tetramorph«), doch meist eingesichtig dargestellt, wie sie auch die Apokalypse überliefert. Über sie heißt es bei Irenaeus von Lyon im zweiten Jahrhundert:

> *Es gibt* [...] *vier Evangelien. Da es nun vier Weltgegenden gibt, in denen wir wohnen, und vier hauptsächliche Winde und da die Kirche verbreitet ist über die ganze Erde, der Kirche Säule jedoch das Evangelium und der Geist des Lebens ist, so muß diese Kirche folgerichtig vier Säulen besitzen, welche nach allen Seiten hin Festigkeit geben und die Menschen beleben. Daraus ergibt sich, daß das lebenschaffende, über den Cherubim thronende, alles umfassende Wort* (= Christus) *uns ein viergestaltiges Evangelium gab, das von einem Geist zusammengehalten wird. Die Cherubim haben vier Gesichter, und diese ihre Gesichter sind die Abbilder der Heilsrichtung des Sohnes Gottes.*[67]

Irenaeus[68] sieht die Vierzahl der Evangelien eng verbunden mit dem kosmischen Rhythmus der Vier als Weltenzahl, doch ebenso mit den vier Cherubim, die gleich geistlichen Säulen die Welt tragen, wobei sich in ihren vier Gestalten der Grundinhalt ihrer Botschaft widerspiegele, die sie als ihr besonderes Kennzeichen im Evangelienbuch vor sich hertragen. Aus ihrer Nähe zu den Cherubim erklärt sich, daß die vier Evangelisten mit zwei bis sechs Flügeln dargestellt werden, doch können diese auch ganz fehlen, wie es teils in der Darstellung der neuen Kirche vom Heiligen Kreuz zu Jerusalem der Fall ist. Im Unterschied zu den viergesichtigen Cherubim tragen die Evangelistensymbole unterschiedliche Gesichter. Dazu führt Johannes im 4. Kapitel der Apokalypse aus:

---

[67] Zit. nach H. und M. Schmidt, Die vergessene Bildersprache christlicher Kunst. München 1981, 170.

[68] Vgl. Irenaeus von Lyon, Adv. haer. III 11,8.

Um den Thron (waren) vier Lebewesen. [...] *Und das erste war gleich einem Löwen, und das andere Wesen war gleich einem Stier, und das dritte hatte ein Antlitz wie ein Mensch, und das vierte Wesen war gleich einem fliegenden Adler. Und ein jegliches der vier Lebewesen hatte sechs Flügel, und sie waren außen herum und inwendig voller Augen und hatten keine Ruhe Tag und Nacht und sprachen: Heilig, heilig, heilig ist Gott, der Herr, der Allmächtige, der da war und der da ist und der da kommt* (Vv. 6-8).

Daß die vier Evangelistensymbole im Zentralbild der Decke so unmittelbar mit der Deesis und der Darstellung des Menschensohnes verbunden sind, hat seine Erklärung in der Offenbarung des Johannes und ihrer Verkündigung von der Wiederkunft des Herrn, wie sie im Hintergrund der Deesis bildhaft aufgegriffen wird, nämlich im gestirnten Nachthimmel und in der Schar der Engel, die ihn umgeben.
Statt der gleichgestalteten Tetramorphen der Gotteswagenvision des Ezechiel (vgl. Ez 1,1) handelt es sich bei den Evangelisten-Symbolen um vier grundverschiedene, geflügelte Kreaturen, nämlich einen Menschen, einen Löwen, einen Stier und einen Adler. Die Begründung hierfür glaubte man - im Anschluß an Gregor den Großen[69] und Hieronymus[70] - vom ersten Kapitel der jeweiligen Evangelien herleiten zu können: »Der *Mensch* wird dem Matthäus zugeschrieben, denn Matthäus 1 bringt den Stammbaum Jesu; der *Löwe* dem Markus, denn die Bußpredigt des Täufers Johannes in Markus 1 wird dem Brüllen eines Löwen verglichen; der (Opfer-) *Stier* dem Lukas, denn Lukas 1 beginnt mit dem Opfer des Priesters Zacharias; der *Adler* dem Johannes, denn der Johannes-Prolog zeigt, daß dieser Evangelist 'höher fliegt als die anderen'. Diese äußerliche Zuordnung der Symbole wird vertieft durch die christologische Deutung der vier Wesen. Sie werden, nun

69 Gregor der Große, In Ez III 1 und IV 1f.

70 Hieronymus, Comment. In Ez I 1.

von Gregor dem Großen angeregt, zu Sinnbildern für folgende vier entscheidenden Heilsereignisse des Neuen Testaments: der Mensch des Matthäus für die Menschwerdung Christi, der Stier des Lukas für den Opfertod Christi, der Löwe des Markus für die Auferstehung Christi, der Adler des Johannes für die Himmelfahrt Christi.«[71] Die Symbole der vier Evangelisten sagen also weniger etwas über die Evangelisten aus als über Christus, den sie verkünden; der Adler jedoch beschreibt darüber hinaus die besondere Gabe des Evangelisten Johannes, nämlich seine geisterfüllte Durchdringung des Gotteswortes.[72]

Matthäus - Mensch (Engel) - Inkarnation

Im ersten Kapitel seines Evangeliums berichtet Matthäus eingehend von der Menschwerdung Gottes. Zunächst führt er den Stammbaum Jesu an, beginnend bei Abraham und bei Josef endend. Sodann wird der Traum Josefs berichtet, dem ein Engel den Heilsplan Gottes eröffnet.

Die Engel waren die ersten, welche in den Heilsplan Gottes eingeweiht wurden; als der größte Bote unter ihnen überbringt der Erzengel Gabriel, wie Matthäus in seinem Evangelium berichtet, die frohe Botschaft der Jungfrau Maria und kündigt ihr das Geheimnis der Menschwerdung an, daß nämlich der eingeborene Sohn in allem den Menschen gleich werden will; am Ende der Zeiten wird er wiederkommen, um alles in sich zu vereinen. Aufgrund dieses Zeugnisses der Heiligen Schrift wird der Evangelist Matthäus mit dem Symbol eines Menschen bzw. eines Engels und dem Theologumenon der Inkarnation verbunden.

---

71 H. und M. Schmidt, Die vergessene Bildersprache christlicher Kunst, 171f.

72 Im Mittelalter finden sich zahlreiche Lesepulte, die von einem Adler gebildet werden; seine Flügel dienen dem Lektor als Pult. Hier zeigt sich das Symbol des Evangelisten Johannes, dessen meditatives Kreisen um das Christuslicht schon früh mit dem Flug des Adlers verglichen wurde.

Lukas - Stier - Tod

Den Hohenpriester Zacharias machte der Erzengel Gabriel mit dem Geheimnis vertraut, daß der Menschensohn wider alles menschliche Erwarten und allein durch Gottes Gnade geboren wird, um die Menschheit zu erlösen. Daraufhin wird der Evangelist Lukas im Symbol eines Stierkalbes dargestellt, denn Zacharias erhielt die frohe Botschaft des Engels, als er seinen Opferdienst als Priester verrichtete; nun kündigte sich ihm ein neues Priestertum und ein neues Opfer an.

Markus - Löwe - Auferstehung

Bei Markus steht die Bußpredigt des Täufers am Beginn seines Evangeliums. Er ist die »Stimme eines Rufenden in der Wüste« (Mk 1,3). Rufer in der Wüste ist unter den Tieren der Löwe, der zum Symboltier des Markus wurde.

Der Löwe gilt in der Antike als ein Lichtsymbol. In der gewaltigen goldenen Mähne des Königs der Tiere sah man ein Bild lodernden Feuers; und da sich sein Antlitz wie die Scheibe einer Sonne zu färben vermag und seine flammenden Augen selbst im Schlaf geöffnet sein können, erweist er sich stärker als die Nacht und die Finsternis, wie wenn er »niemals schläft bis in Ewigkeit« (so die Umschrift eines Codex Aureus). Aus solchen Aussagen erklärt sich, warum man den Löwen oft apotropäisch an Thron- und Palastarchitekturen dargestellt sieht, doch ebenso an Türen von Domen oder unmittelbar vor dem Allerheiligsten; zuweilen trägt er auf seinem Rücken eine Säule, ganz in den Dienst der Kirche gestellt. Wie die antiken Tempel boten auch die christlichen Kirchen Asyl, so daß jeder, der die Ringe zwischen den Zähnen des Löwen ergriff, welche ansonsten dem Anklopfen dienten, gerettet war und im Bannkreis des Löwen stand, der alle abwehrt, die den Gottesfrieden brechen.

Der Löwe kann sodann negative Symbole in sich vereinen, denn nach Aussage der Heiligen Schrift geht der Widersacher, der Teufel, »umher wie ein brüllender Löwe und sucht, wen er verschlingen kann« (1 Petr 5,8). Gemäß Offb 5,5 bleibt der Löwe den Christen jedoch vor

allem ein Hoffnungssymbol, erfüllt sich mit ihm ja eine Verheißung des sterbenden Erzvaters Jakob, denn der Löwe aus dem Stamm Juda hat den Sieg errungen (vgl. Gen 49,8-12; auch Hosea 5,14f.).
Der Löwe ist weiterhin zu einem Symbol der Auferstehung geworden, insofern die Löwin - nach Aussage des »Physiologus« - ein totes Junges gebiert, dem am dritten Tag der Vater ins Gesicht bläst, um es so zum Leben zu erwecken; ebenso hat der allmächtige Vater im Atem des Heiligen Geistes seinen erstgeborenen Sohn am dritten Tag vom Tod auferweckt.
Nach Daniel 6 wird dem Gerechten inmitten von Löwen der Schutz Gottes zuteil, auf daß er in der Löwengrube über seine Neider zu siegen vermag. So ist auch Christus in die Unterwelt hinabgestiegen und als Sieger auferstanden, um die Toten aus dem Reich des Todes herauszuführen. Christus hat sich sogar viel mächtiger erwiesen als alle Löwen und Drachen, die er unter seine Füße stößt; den Seinen in der Nachfolge des Auferstandenen ist wiederum verheißen: »Über Schlangen und Basilisken wirst du gehen und treten auf junge Löwen und Drachen« (Ps 91,13). Wer an den auferstandenen Herrn glaubt, erweist sich als Nachfahre Simsons, des Löwenbezwingers (Ri 14,5ff.); und wie Daniel weiß er gewiß: »Mein Gott hat seinen Engel gesandt und den Rachen der Löwen verschlossen. Sie taten mir nichts zuleide, denn in seinen Augen war ich schuldlos« (Dan 6,22f.).

Johannes - Adler - Himmelfahrt

Das erste Kapitel des Johannesevangeliums ist ein großer Hymnus auf die Göttlichkeit des Menschensohnes. Er ist der Urheber alles Geschaffenen und Spender des Lebens, Bote Gottes, den er seinen Vater nennt, uns von ihm Kunde bringend aus der Herrlichkeit des Himmels, voll Gnade und Wahrheit. Symbol dieser alle Höhen des menschlichen Daseins übersteigenden Wahrheit ist der Adler, der »zum Himmel fliegt« und sein »Nest zwischen den Sternen baut« (vgl. Spr 23,5; Offb 1,3).

Der Adler gilt in der Antike als der König der Vögel, da seine Augen im Flug zur Sonne ihrem Licht standhalten. Dem Zeus und danach Jupiter zugeordnet, wird er zu einem Symbol des Kaisers, bei dessen Tod ein Adler auffliegt zum Zeichen seiner Apotheose. Weiterhin soll er den Willen der Götter erkunden können.
Da der Adler das Signum des römischen Staates war, blieben die Christen dem Bildsymbol dieses Tieres gegenüber zurückhaltend; erst als unter Konstantin die kaiserlichen Insignien auf Christus übertragen wurden, wird das Zeichen des Adlers zu einem Symbol für den Ostersieg des »Herrn aller Herren«, der sein Kreuz unter seine Fittiche nimmt, wie wir es auf christlichen Sarkophagen bezeugt finden. Gleich dem Adler, der seine Jungen unter seine Flügel nimmt, sorgte sich Jahwe um sein Volk, das er aus Ägypten heraustrug »auf Adlers Schwingen« (Ex 19,4); und wer an Christus glaubt, der uns das Erbarmen Gottes und seine liebende Sorge verkündet hat, wird »jung wie ein Adler« (Ps 103 [102],5), er erhält »neue Kraft«, um »aufzufahren mit Flügeln wie Adler« (Jes 40,6). So wurde den frühen Christen der Adler zu einem Symbol für die Himmelfahrt des Herrn, der gleich dem königlichen Adler nach dem Sieg über die Schlange des Bösen in die Himmel auffährt, um uns dort eine Wohnung zu bereiten, hat er doch selbst nach Joh 20,17 verheißen: »Ich fahre auf zu meinem Vater und zu eurem Vater, zu meinem Gott und zu eurem Gott«.

Die Ausführungen zum Tetramorph lassen erkennen, daß die vier Evangelistensymbole kein Zierrat in der Darstellung der Majestas Domini sind: In ihrer vierfachen Aussage bezeugen sie, daß dem eingeborenen und wiederkehrenden Menschensohn alle Ehre, Macht und Herrlichkeit gebührt. So läßt die Deesis inmitten des Raumes den Gläubigen erkennen, worauf er seine Hoffnung zu richten hat und wem er für immer und in Ewigkeit gehören wird. Daß er in seiner Hoffnung nicht leer ausgehen wird, verkünden alle vier Evangelisten, denn der Glaube wird sich siegreich erweisen - wie im Leben des Anführers aller Glaubenden. Obgleich dieser ohne Sünde war (1 Joh

3,5), trug er unsere Sünde und hob sie so auf, damit fortan alle freien Zugang zu seinem Vater haben: »Gott hat den, der keine Sünde kannte, für uns zur Sünde gemacht, damit wir in ihm Gerechtigkeit Gottes würden« (2 Kor 5,21). Zum Sühnopfer für unsere Sünde geworden, obwohl er selbst kein Sünder war, wurde er der »Erste« (Offb 1,17) und der Anführer (Hebr 2,10) aller; und in seinem irdischen Dasein »mit Schwachheit behaftet« (Hebr 5,2) und wie jeder Mensch versucht und angefochten, erwies er sich in seinem Gehorsam als der geliebte Sohn seines Vaters und vermag künftig all denen zu helfen, welche die Anfechtungen des Lebens zu bestehen haben (Hebr 2,18; 4,15). Sie werden den Kampf gegen die Macht des Bösen bestehen, wenn sie wie der Menschensohn dem Gebet unablässig treu bleiben, wie er es ihnen aufgetragen hat: Gibt es doch Teufel, die nicht auszutreiben sind, es sei denn durch Gebet und Fasten (vgl. Mt 17,21). Jesus selbst nahm betend den Kampf mit dem Versucher auf sich und errang im Gebet den Sieg über das Böse; allen aber, die zu ihm gehören und ihn im Gebet um seinen Beistand bitten, verheißt er, in seiner Herrlichkeit allezeit betend für sie einzutreten (vgl. Hebr 7,25). Auf dem Bild der Deesis ist uns diese seine Hilfe zugesagt, wann immer wir beten, wie er uns zu beten gelehrt hat: »Dein Wille geschehe im Himmel wie auch auf Erden« (Mt 6,10).

3. Der Lichtkranz inmitten der Kirche

In der Mitte des Gläubigenraumes befindet sich erneut ein Lichtkranz, nun zum Bekenntnis, daß Christus uns zum »Leuchter vom Kreuz her« wurde, hat er doch die Welt mit seinem Licht erleuchtet, so daß der Mensch seine Wege zu erkennen vermag; sein Wort wurde zum Licht auf unserem Pfad und zum Maß unseres Handelns. Ein solcher Lichtkranz inmitten einer Kirche ist fürwahr ein Bekenntnis im Glauben, das Augustinus in die Worte bringt: »Die Lampe ist die Hoffnung. Auf diese hin müht sich der Mensch, was immer er im Blick auf sie Gutes tun mag. Dieses Licht brennt in der Nacht. Denn was wir erhoffen, sehen wir nicht. Also ist es für uns Nacht. Damit wir aber im Dunkeln nicht den Mut verlieren, sondern in Geduld ausharren, erhoffen wir, was wir noch nicht schauen, und lassen die ganze Nacht hindurch unsere Lampen brennen.«[73]

Den byzantinischen Gottesdienst bestimmt ein Wechsel von Licht und Dunkel, nämlich von Hoffnung und Erfüllung, von Erwartung und Schau des Heilsereignisses, das sich im Gottesdienst bei den einzelnen »Einzügen« während des Stundengebetes und der Göttlichen Liturgie ereignet, vor allem an Ostern, bei der täglichen Verkündigung des Gotteswortes und während der Kommunion. Der Brauch, an den Gräbern der Verstorbenen ein Licht anzuzünden, ist ebenso von der Symbolik der Auferstehung getragen, nämlich der Hoffnung, einst Christus, das »ewige Licht«, schauen zu dürfen.

Die zahlreichen Lichter vor den Ikonen wiederum sind ein Symbol der Wachsamkeit, wie es schon die zahlreichen Funde aus der Katakombenzeit bezeugen. Es muß für den Christen ein sehr ausdrucksstarkes Sinnbild gewesen sein, sobald in der Laterankirche allein 8730 Lampen aufleuchteten, und nicht anders wird es sich bei den Radleuchtern der romanischen Kirchen oder dem inszenierten Lichtspiel der Kerzen in der Hagia Sophia von Byzanz verhalten haben: Hier leuchtete etwas vom Lichtglanz des Himmlischen Jerusalem auf.

4. Die Ikonostase

Eine Ikonostase hat nicht den Raum des Altares von dem der Gläubigen zu trennen, vielmehr stehen wir hier vor dem Angesicht der Heiligen, welche auf ihren Ikonen dargestellt werden und die mit Christus und der Gottesgebärerin unsere Fürsprecher beim Vater sind. Dem-

[73] Zit. nach D. Forstner und R. Becker, Neues Lexikon christlicher Symbole. Innsbruck-Wien 2007, 158f.

nach stellt die Errichtung einer solchen Bilderwand alles andere als eine Trennmauer zwischen den Priestern (bzw. Mönchen) und dem gläubigen Volk dar, wie es beispielsweise beim Lettner der Fall war, vielmehr ist hier jene Stelle, wo sich die Gläubigen gemeinsam mit den Priestern vor dem Angesicht Gottes versammeln und sich der Hilfe und Fürsprache aller vorangegangenen Zeugen des Glaubens gewiß sein dürfen.

Die Ikonostase macht das geistige Jerusalem bereits auf Erden sichtbar und wird zu einer Brücke zwischen Diesseits und Jenseits. Gewiß, sie trennt die Gemeinde vom Altar insofern, als die letzte Einheit zwischen Himmel und Erde noch nicht verwirklicht ist, aber zugleich bereitet sie die endgültige Gemeinschaft aller Heiligen vor. Indem die Ikonostase die Bilder von Christus und Maria, den Engeln und den Heiligen zeigt, bezeugt sie all jene, mit denen sich die betende Gemeinde im Gottesdienst auf besondere Weise im Glauben und Gebet vereint weiß.

Oberhalb der Ikonostase sehen wir die Ikonen der Hauptfeste des orthodoxen Kirchjahres, das mit dem 1. September beginnt und als erstes Fest am 8. September die Geburt der Gottesgebärerin begeht; die Reihe endet mit »Entschlafung« Mariens (15. August), ein Fest, das wie ein »zweites Ostern« begangen wird.

Die Kreuzreliquie

Die Hauptreliquie der neuen Kirche ist ein Partikel des kostbaren und lebenspendenden Kreuzes, eingelassen in den Kreuzesbalken über der Königstür der Ikonostase. Helena, die Mutter des Kaisers Konstantin, soll nahe bei Golgotha die drei Kreuze gefunden haben, an denen Christus und die beiden Schächer hingerichtet wurden. Daraufhin wurde das Kreuz in der Anastasis-Basilika aufbewahrt, bis die Perser es am 4. Mai 614 raubten. Nach dem Sieg des Kaisers Heraklius Chosroes kam das heilige Kreuz nach Jerusalem zurück; doch erst als er sich seiner königlichen Gewänder entledigt hatte, konnte er es barfuß in die Kirche tragen.

Während an Karfreitag das Kreuz vor allem an das geschichtliche Ereignis der Erlösung erinnert, wird am 14. September eher der Aspekt der Verherrlichung und Anbetung hervorgehoben, ist es doch das Siegeszeichen des Glaubens, der Schutzwall der Kirche, das Heilmittel in allen Krankheiten, die Ehre der Christen. Vorausverkündet wurde das Kreuz schon im Alten Bund; erinnert sei an »den Baum Eden, der uns zugrunde richtete (das Kreuz sollte uns erlösen); die Arche Noe, die das Heil der Gerechten bewirkte (das Kreuz bewirkt bei den Sündern dasselbe); Jakob, der die Hände kreuzt, um die Söhne Josephs zu segnen; Mose, der die Arme ausbreitet, um im Roten Meer für das israelitische Volk eine Pforte des Heils zu öffnen, der später Holz in die Wasser wirft, um Bitterkeit in Süße zu verwandeln; an denselben Mose, der mit seinem Stab an den Felsen schlägt, um das lebenspendende Wasser hervorsprudeln zu lassen und mit überkreuzten Händen für den Sieg des jüdischen Volkes über Amalek betet; den Stab Aarons; die eherne Schlange; die kreuzweise Aufstellung des jüdischen Volkes um die Bundeslade herum ...«[74]

Vielfach sehen wir in der neuen Kirche das Kreuz abgebildet - an der Decke über dem Altar als Siegeszeichen des Karsamstags, in den Fenstern als Verheißung der Schöpfung und als Vollendung im Heiligen Geist, und schließlich auf der Patronatsikone der Kirche zum Fest der Erhöhung des Heiligen Kreuzes am 14. September.

Die Christus-Ikone

Auf der Ikonostase der neuen Kirche vom Heiligen Kreuz zu Jerusalem sehen wir rechts neben der Königstür die Ikone Christi, der auf dem Feuer eines Schmelzofens steht. Wer sich ihm nähert, begegnet dem Feuer Gottes, das »wie das Feuer eines Schmelzers« ist (Mal 3, 2). Gottes Feuer brennt alles fort, das der Größe seiner Liebe nicht entspricht. Dies kann im Menschen, sobald er in die Hände des lebendigen Gottes fällt, Schrecken und Not auslösen. Diese Erfahrung läßt

---

[74] N. Edelby (Hg.), Liturgikon. Recklinghausen 1957, 606.

ihn aber nicht verzweifeln, darf er doch in der Gestalt der eucharistischen Speise das Feuer der Gottheit in sich aufnehmen, weshalb in einer byzantinischen Liturgie die Kommunion mit einem Löffel gereicht wird, der die Zange des Jesaja versinnbildlicht (Jes 6,6f.).
Trotz aller Unmöglichkeit, angemessen vor Gottes Angesicht zu treten, bleibt der Lobpreis die wahre Antwort des Menschen auf Gottes Größe, wie Cyrill von Jerusalem ausführt: »Aber - wird man einwenden - wenn das Wesen Gottes unfaßbar ist, warum redest du davon? Soll ich vielleicht, da ich nicht den ganzen Fluß auszutrinken vermag, nicht so viel zu mir nehmen, als mir guttut? Soll ich, da meine Augen nicht die ganze Sonne zu fassen vermögen, sie auch nicht soweit ansehen, als für mich notwendig ist? Oder wenn ich einen großen Garten betrete und daselbst nicht den ganzen Bestand an Früchten essen kann, willst du, daß ich ganz hungrig wieder fortgehe? Ich lobe und verherrliche unseren Schöpfer; denn ein göttlicher Befehl lautet: Jeder Geist lobe den Herrn! (Ps 150,6). Ich versuche jetzt, den Herrn zu verherrlichen, nicht ihn zu erklären. Zwar weiß ich, daß ich seine Majestät nicht genügend verherrlichen werde, doch halte ich es für religiöse Pflicht, dies irgendwie zu versuchen. In meiner Schwachheit tröstet mich das Wort des Herrn Jesus: Niemand hat Gott je gesehen (Joh 1,18).«[75] Das Wissen um die Größe Gottes ist für Cyrill von Jerusalem weniger ein mutig zurückzulegender Denkweg als gewagte Rechenschaft des in der Liturgie gefeierten Glaubens; fast zögerlich und fragend heißt es in der Basilius-Liturgie am Beginn der Anaphora: »Du hast uns die Gnade erwiesen, Deine Wahrheit zu erkennen. Wer ist imstande, Deine Macht auszusagen, Dein Lob kundzutun oder alle Deine Wunder auszusprechen, die Du im Laufe der Jahrhunderte gewirkt hast?«
Auf dem Bild der Ikonostase trägt Christus in seiner Hand ein Buch mit der Inschrift: »Kommt her zu mir, die ihr mühselig und beladen

---

[75] Kyrill von Jerusalem, Cat.VI,5 (PG 33,545A).

seid, ich will euch erquicken« (Mt 11,28).[76] Christus erscheint auf der Ikone in seiner göttlichen Gerechtigkeit, da er für die Wahrheit und den Willen seines Vaters eintritt, und ebenso in seinem Erbarmen, das er den Menschen täglich und grenzenlos erweist.
Fürwahr, Christus auf der Glut eines Schmelzofens darzustellen ist kein sehr einladendes Motiv, doch vermag es den Ernst allen Betens vor Augen zu halten, um davor zu bewahren, daß der Gottesdienst ein »Plappern« wie das der Heiden wird. Gibt es doch eine selbstbetäubende Verharmlosung im Umgang mit Gott, die fern von aller Gläubigkeit ist; Gott scheint hier zu einem »Kumpel«, meist »Bruder« genannt, geworden zu sein, was in keiner Weise seiner Erhabenheit und Größe gerecht wird und damit Götzendienerei ist. Man verharmlost Gott, vermutlich deshalb, weil man Angst vor ihm hat und sich sogar vor ihm fürchtet. Die Warnung Jesu vor dem »Plappern« (Mt 6, 7) durchbricht alle Selbstverständlichkeiten, die mit der Ansicht verbunden sind, die Intensität einer guten Meinung garantiere das Gelingen der sprachlichen Mitteilung. Die Zumutungen Gottes bezeugen alle Bücher der Heiligen Schrift, besonders das Buch Ijob und die Psalmen. Ebenso sind Versuche überliefert, der scharfen Atmosphäre des Wortes zu entkommen, etwa durch die Flucht in das vorgeburtliche Nichtsein (Ijob 3,3-26) oder in den Tod (Ijob 7,11-21). Immerfort wird vor dem Geheimnis Gottes alles Reden und Sprechen »brechen« und sich als »unzureichend« erweisen. Deshalb darf keiner, der vor Christus tritt und zu ihm beten möchte, sich ihm im Sinne einer Unterhaltung oder Information nähern, vielmehr hat alles in ihm das göttliche Mysterium anzubeten und zu lobpreisen; nur so vermag der

---

[76] Valerij Sergejew schreibt über dieses Schriftwort im Buch Christi, das zwar nicht mehr auf der Trinitäts-Ikone von Andrej Rublov zu lesen, ist, wohl aber auf einer Replik des »Erlösers« von Swenigorod aus der Mitte des 15. Jahrhunderts: »Eine solche Aufschrift gab es bis dahin in der russischen Ikonenmalerei nicht. Vielleicht hat Rubljow selbst diese Worte für seine Ikone gewählt« (V. Sergejew, Das heilige Handwerk. Leben und Werk des Ikonenmalers Andrej Rubljow, Freiburg-Basel-Wien 1991, 144).

Beter der alles überbietenden Größe und Würde Gottes gerecht zu werden, soweit dies überhaupt einem menschlichen Wort möglich ist. In der Sprache des Glaubens bleibt jedes Wort vorläufig und »Stückwerk«, wie Paulus in 1 Kor 13,12 betont: »Wir sehen jetzt durch einen Spiegel in einem rätselhaften Wort.« Keiner wird je zur Ruhe kommen, um das Wort zu bewohnen, stattdessen wird er sich bereitwillig dem Konflikt und dem Gericht des göttlichen Wortes auszuliefern haben: »Der Gott, der mit Feuer antwortet, das ist der wahre Gott« (1 Kön 18,24). Die Heilige Schrift führt wahrhaftig durch alle Erfahrungen der Heftigkeit und Sanftmut, der Gewalt und der heilsamen Berührung, was den Menschen ausrufen läßt: »Aus der Tiefe rufe ich, Herr, zu dir« (Ps 129,1).

Gott ist fürwahr ein Gott der Zumutungen, in der schroffen Andersheit seines Wesens und seiner Liebe, die den Menschen herausfordert, teils sogar zu überfordern scheint. Die Spannung zwischen Gut und Böse wie auch die Ungewißheit, die damit verbunden ist, bleiben heute zuweilen überspielt durch eine Monotonisierung der Sprache auf Liebe, mit der das Tremendum geglättet und weginterpretiert wird. Die dunkle, widerständige Seite der Liebe ist aber der Zorn, den jeder Mensch durchleiden muß. Dennoch, sobald die Heiligen ihrer Schwachheit gedenken, erinnern sie sich nicht der Sünden, sondern der göttlichen Barmherzigkeit, so daß sich das vergangene Übel für sie in eine gegenwärtige Freude wandelt und der Ehre Gottes dient.

Damit zeigt sich die besondere Aussage dieser Ikone in der Kirche vom Heiligen Kreuz zu Jerusalem: Das Bild Christi, der im Feuer eines Schmelzofens steht, ruft den Beter zur Besinnung auf, damit er in rechter Weise vor den lebendigen Gott tritt, ohne zu »plappern«. Sobald er dem Herrn allen Lebens aufrichtigen Herzens seine Nöte und Fragen anvertraut, ist ihm verheißen, daß er in der Begegnung mit ihm »Erquickung« und »Frieden« findet (Joh 14,27), nicht wie die Welt sie gibt, wohl aber gemäß den Verheißungen Gottes; kann doch keiner, der glaubt, tiefer fallen als in die Hände Gottes.

Die Ikone der Gottesmutter des Zeichens

Die linke Ikone trägt den Titel »Gottesmutter des Zeichens«, gemäß dem zitierten Wort während der Gabenbereitung: »Die Königin hielt sich zu seiner Rechten auf, geschmückt mit golddurchwirktem Gewand.« Die Darstellung der Ikone geht auf das Vorbild einer Ikone in Konstantinopel zurück, nach einer dortigen Kirche »Blacherniotissa« genannt (neben der Ikone befand sich eine andere kostbare Reichsreliquie, nämlich das Gewand der Gottesmutter); das Thema der Ikone stammt von einem ebenfalls nicht mehr erhaltenen Jerusalemer Urbild des 4. Jahrhunderts.

Das biblische Motiv der Ikone findet sich beim Propheten Jesaja, der das Kommen des Emmanuel verheißt, den eine junge Frau gebären wird: »Der Herr wird euch ein Zeichen geben: Seht, die Jungfrau wird schwanger werden und einen Sohn gebären, und sie wird ihm den Namen Emmanuel - Gott mit uns - geben« (Jes 7,14). In der russischen Ikonographie gilt die Ikone der »Gottesmutter des Zeichens«, »Znamenje« genannt, als Palladium, als Schutzschild des alten Rußland.

In unserer neuen Kirche ist die Gottesmutter abgebildet als diese von Jesaja verkündete Theotokos, durch die das ewige Wort Fleisch geworden ist. Sie trägt das Zepter ihrer Erwählung in den drei Sternen auf dem Gewand und breitet ihre Arme zum fürbittenden Gebet aus. Der Menschensohn ruht in ihrem Schoß wie in einer Schale, er ist ihr Seelengrund. In der Haltung einer Orante hebt Maria die geöffneten Hände gemäß dem ältesten uns bekannten Gebetsgestus »zum Lob seiner Herrlichkeit«, ist doch das betende Erheben der Hände der Inhalt ihres Lebens und ebenso jedes Menschen (vgl. Eph 1,4.6.12). Der Urtypus dieser Orantenhaltung findet sich im Bild der Himmelfahrt Christi, wo die Gottesmutter in der Mitte umgeben ist von den Aposteln, die sich um sie scharen. Nach dem Ikonoklasmus wurde dieses Bild zu einem selbständigen Typus, vor allem dargestellt in der Apsis unter dem Pantokrator: die Gottesgebärerin als die große Fürbitterin und Mittlerin der Gläubigen.

Die Väter der Kirche sehen die endzeitliche Vision des Propheten Ezechiel (Ez 1,26; 10,1-17) auf unübertroffene Weise in der Gottesmutter verwirklicht. Gott wohnt nicht über ihr, sondern sogar in ihr, so daß ihr Leib gepriesen wird als »weiter und höher denn die Himmel«, die Gott nicht fassen können. Nach antiker Auffassung bedarf jeder Herrscher eines Thrones, um seiner Macht und Würde Ausdruck zu verleihen; Christus aber bedurfte einer Mutter, um sich als Haupt der ganzen Schöpfung und ihr machtvoller Erlöser zu offenbaren. So wird dieser Bildtypus mit Recht »Platytera« genannt (platys: weit), gemäß dem Gebet der Basilius-Liturgie nach der Wandlung:

> *Deinen Schoß machte Gott zu seinem Thron, und deinen Leib gestaltete er weiter und höher als die Himmel.*

Vor ihrer Brust trägt die Gottesmutter in ihrem Clipeus Christus, den Pantokrator. Er bildet die Mitte ihres Daseins, als dessen Magd sie sich bekennt. Als jugendlicher Emmanuel - ist er doch schon vor den Zeiten - erscheint er in einem feuerroten Lichtkranz, wie zur Erinnerung an den brennenden und doch nicht verbrennenden Dornbusch. Gemäß der Prophezeiung aus Jesaja 7, die das Thema der Ikone bildet, sehen wir die Gottesmutter mit dem präexistenten, schon vor seiner Menschwerdung seienden Christus, dem »Erstgeborenen vor aller Schöpfung« (Kol 1,15), »auf den hin alles erschaffen ist« (V. 16). Er trägt eine Schriftrolle in der Hand, denn er ist das ewige Wort des Vaters. Die Rechte erhebt er so, daß er gebietend und segnend dem Betrachter zugewandt ist.

Das Antlitz und die Schultern der Gottesgebärerin sind von ihrem Maphorion eng umschlossen, Schultertuch und Schleier in eins. Das Tuch ist zuweilen erdfarben, wurde der Menschensohn in ihr doch ein Stück dieser Erde, zu der er hinabstieg. Mit seiner Offenbarung als Heiland und Friedensfürst dieser Welt wendet sich alles zum Guten, und die Heilsgeschichte gelangt zu ihrer Vollendung. So wird verständlich, daß die Orthodoxie im Bekenntnis zur jungfräulichen Gottesgebärerin

die Zusammenfassung, ja die »Krone aller Dogmen« über Christus und aller Heilsaussagen über den Menschen sieht.
Die Jungfrau und Gottesgebärerin Maria stellt das Urbild christlichen Lebens dar; auch verheiratete Menschen sind gerufen zu leben, was Maria ein Leben lang gelebt hat, nämlich in allem offen zu sein für Gott, in reiner Hingabe für die anderen. Angesichts dieser Ikone erkennen wir, zu welcher Größe wir vor Gott berufen sind: Der einziggeborene Sohn des Vaters erniedrigt sich und verbirgt den Lichtstrahl seiner Gottheit, indem er ein Mensch wird, um uns nahe zu sein und unsere Erlösung auf sich zu nehmen; auf ihn hin, der uns sein Bild eingeprägt hat, sind wir alle auf innigste Weise angelegt, gleichsam verschworen, da er uns sein Bild eingeprägt hat; jeder von uns trägt seit der Geburt dieses Bild des Sohnes in sich.
Ephräm der Syrer führt dies in seiner Lobrede auf die Menschwerdung des Sohnes Gottes und die allerseligste Jungfrau und heiligste Gottesgebärerin weiter aus:

> *Heute ward uns die Gottesmutter zum Himmel, der Gott trug, denn in sie ließ sich die allerhöchste Gottheit herab und wohnte in ihr. In ihr ward sie klein, um uns alle groß zu machen, da sie ihrer Natur nach nicht klein ist. In ihr webte sie uns ein Kleid der Gnade und des Heiles, damit uns dadurch Erlösung zuteil wird.*

Gottes Menschenfreundlichkeit, wie sie uns in den zwölf Nächten der Weihnacht erscheint, ist aller Anbetung würdig; ihm allein gebühren Herrlichkeit, Größe und Sieg. Darum heißt es in einem Gebet aus der altspanisch-mozarabischen Liturgie:

> *Erschienen ist der Erlöser der Welt:*
> *Erheben wir den Ruf nach Freiheit!*
> *Zu dem Kranken kam der Arzt:*
> *Zeigen wir ihm unsere Wunden!*

Lebendiges Brot gab er denen, die glauben:
Nehmen wir es an!
Ein fließender Quell sprang auf für die Gläubigen:
Füllen wir unsere Seelen damit!

Die Verehrung der Gottesgebärerin ist für die östlichen Kirchen derart zentral, daß es im ökumenischen Gespräch zu bedenken gilt: »Es wird mit Sicherheit niemals eine Wiedervereinigung der getrennten Christen im Glauben geben ohne Maria, denn Christus und Maria sind so wenig voneinander zu trennen wie Christus und die Kirche.«[77] Ein marianischer Minimalismus wird nie zu einer größeren Annäherung der Christen führen, wie Erzpriester Sergij Bulgakov im Jahre 1927 markant hervorhebt: »Das Christentum allein mit Christus, aber ohne die Gottesmutter, das ist seinem Wesen nach eine andere Religion als die Orthodoxie, und der Protestantismus ist von der Kirche nicht durch einzelne seiner Irrlehren und willkürlichen Verkürzungen, sondern vor allem und wesentlicher als alles durch sein fehlendes Gefühl für die Gottesmutter getrennt.«[78]
Trotz der zentralen Bedeutung der Gottesgebärerin in der Theologie und Liturgie, vor allem aber im Glaubensalltag der Kirche kennt die Orthodoxie[79] keine eigene Mariologie. Vielmehr ist von einer *Theotokologie* zu sprechen, die ihrem Wesen nach christologisch begründet und ausgerichtet ist. Die orthodoxen Schuldogmatiken und Katechismen verzichten auf ein eigenes mariologisches Kapitel[80], weil ihr

---

77 Bischof H. Wittler, KNA-Ökumenische Information Nr. 19 (6. Mai 1981).

78 S. Bulgakov, Kupina Neopalimaja... Paris 1925, 78; zit. nach K.C. Felmy, Orthodoxe Theologie der Gegenwart. Eine Einführung, Darmstadt 1990, 82.

79 Wie die neue Kirche vom Heiligen Kreuz zu Jerusalem es nahelegt, handeln die folgenden Ausführungen vor allem von der byzantinischen Tradition der Orthodoxie. Dies erklärt sich daraus, daß die Melkiten zur griechisch-katholischen Kirche gehören und von Anfang an eng mit der byzantinischen Tradition verbunden sind.

80 Die westliche Mariologie steht in der Gefahr, rein begrifflich und dadurch teils

Interesse eher theologischer Art ist: Die theologischen Aussagen über die Jungfräulichkeit und Gottesmutterschaft sind der Orthodoxie wichtiger als jene über die ethische Vorbildlichkeit der Gottesgebärerin.[81] Wei-terhin zeigt sich die theologische und liturgische Eigenart der Marienverehrung im Osten darin, daß die orthodoxe Kirche keine Marienfeste im eigentlichen Sinn kennt, sondern einzig Feste der Erlösung, die jeweils unterschiedlich die Bedeutung Marias im Erlösungsmysterium herausstellen.[82] Dies besagt, daß die Verehrung der Gottesgebärerin Maria ihren Ursprung im Erlösungsgeheimnis hat und von ihrem Sohn her alle Bedeutung erhält, ihm, der mit ihr in der Mitte jeder Ikonostase abgebildet ist; so bezeichnet die Orthodoxie Maria gerne als »Mutter Gottes« und »Gottesgebärerin«, also mit dem Titel, der das Patronat unserer neuen Kirche anzeigt.

---

unanschaulich zu bleiben, während die Marienfrömmigkeit ihre theologischen Dimensionen verloren hat.

81 Schon der heilige Basilius der Große betont: »Nur bis zur Dienstleistung beim Heilswerk war die Jungfräulichkeit notwendig: Was hernach geschah, bleibt für das Geheimnis [der Erlösung] belanglos« (Homilia in Sanctam Christi Generationem [PG 31,1468]).

82 L. Heiser, Maria in der Christus-Verkündigung des orthodoxen Kirchenjahres. Trier 1981, 245. - In Rom haben wir bis ins 7. Jarhundert keinen sicheren Beleg für ein eigenes liturgisches Marienfest, doch gibt es im Osten bereits vor 430 »das Gedächtnis der hl. Maria« anläßlich der Geburt des Heilands. Von den zwölf Hauptfesten sind drei »Marienfeste« (8. September, 21. November, 15. August), zwei aber sind Christus- und Marienfeste, nämlich der 25. März und der 2. Februar. Daneben gibt es noch kleinere Marienfeste. Jeder Mittwoch und Freitag ist ein Gedenktag des Heiligen Kreuzes und der Muttergottes. Der 15. August gilt der Orthodoxie schon seit frühester Zeit als das größte Marienfest, dem eine 40tägige Fastenzeit vorausgeht. Die Marien-Kanones des Oktoechos werden am Sonntag, Mittwoch und Freitag jeder Woche außerhalb der Passions- und Fastenzeit gesungen, Tage also, die auf besondere Weise dem Geheimnis des Leidens und der Auferstehung des Herrn gewidmet sind.

5. Die Andachtsstätte mit der Verehrung der Heiligen und ihrer Reliquien

Mit der Anordnung der beiden Fensterreihen erhielt der neue Raum eine natürliche Ausrichtung, so daß er wie ein Zentralbau wirkt. Doch an der rechten Seite gibt es einen Überhang, so daß dieser Bereich eigens gestaltet wurde, nämlich mit einer Andachtsstätte zur Verehrung der Kirchenpatrone und Reliquien wie auch an der Decke mit einer Bilderreihe jener Heiligen, die für die versammelte Ortsgemeinde von besonderer Bedeutung sind und von ihr verehrt werden.

Die Verehrung der Heiligen in der orthodoxen Kirche

Auf der rechten Seite der Ikonostase ist in einer byzantinischen Kirche traditionell der Ort der Verehrung des Kirchenpatrons, für die in der neuen Kirche vom Heiligen Kreuz zu Jerusalem, wie gesagt, eine eigene Andachtsstätte errichtet wurde.

Die Verehrung der Heiligen nimmt im orthodoxen Glauben und speziell in der Feier der Liturgie eine zentrale Stelle ein. Sie geschieht nie nach Art eines Heroenkultes, sondern im tiefen Bewußtsein um die Gemeinschaft im Glauben, zu der alle Lebenden und Verstorbenen gehören. Denn die Liturgie und mit ihr all die andere Vollzüge des Glaubens, erst recht die Sakramente, werden in ihrem »sozialen« Charakter gesehen, eine Sicht, die bei Luther und Calvin eher vergeblich zu suchen ist und selbst in der katholischen Sakramententheologie entschiedener herausgearbeitet werden könnte. Eine Grundaussage östlicher Sakramentenlehre lautet: »Jedes mystérion ist immer ein Ereignis *in* der Kirche, *durch* die Kirche und *für* die Kirche. Es schließt jegliche Atomisierung aus, welche den Akt von demjenigen isoliert, der ihn empfängt. Jedes 'mystérion' wirkt sich auf den ganzen Leib der Gläubigen aus.«[83]

---

[83] P. Evdokimov, Eucharistie - Mystère de l'église, in: La pensée orthodoxe 13 (1968) 53; zit. nach U. Baumann, Die Ehe ein Sakrament? Zürich 1988, 276. - Es

Die Einheit des Leibes Christi hat ihren Grund in der Eucharistie. Sie besteht über die Zeiten hinweg und vereint die irdische Kirche mit der himmlischen. Hierzu heißt es bei Origenes in seiner siebten Homilie zu Leviticus:

> *Mein Heiland trauert auch jetzt über meine Sünden. Mein Heiland kann sich nicht freuen, solange ich in Verkehrtheit lebe. Warum kann er das nicht? Weil 'er selber Fürsprecher für unsere Sünden beim Vater ist.' [...] Noch haben nämlich auch die Apostel selbst ihre Freude nicht erhalten, sondern auch die Apostel warten, daß ich ihrer Freude teilhaft werde. Denn auch die von hinnen scheidenden Heiligen erhalten nicht sogleich den vollen Lohn ihrer Verdienste, sondern sie warten auf uns, auch wenn wir verzögern, auch wenn wir träge bleiben. Nicht nämlich haben sie volle Freude, solange sie wegen unserer Irrungen unsere Sünden betrauern und beklagen. [...] Du siehst also wohl, daß Abraham noch wartet, die Vollendung zu erlangen? Es warten auch Isaak und Jakob, und alle Propheten warten auf uns, um mit uns zusammen die vollendete Glückseligkeit zu erreichen. [...] 'Sind es auch viele Glieder, so doch Ein Leib; es kann das Auge nicht zur Hand sagen: ich brauche dich nicht.' Selbst wenn das Auge heil ist und zum Sehen tüchtig -, fehlen ihm die übrigen Glieder, was wäre die Freude des Auges? [...] Du wirst also (zwar) Freude haben, wenn du als Heiliger aus diesem Lande scheidest: Dann aber erst wird deine Freude voll sein, wenn*

---

läßt sich auch am Sakrament der Ehe ersehen. Die Brautleute sind nicht nur je einzeln von einer neuen Wirklichkeit des Glaubens geprägt, ihre Ehe selbst ist ein neues Sein in Christus. Indem die Brautleute in der Trauungsliturgie den Segen erhalten und in einen neuen theologischen Status innerhalb der »ekklesia« geführt werden, treten sie in eine neue Beziehung zur Eucharistie ein. Mit der Würde des ehelichen Priestertums bekleidet, nehmen sie künftig in einer neuen Funktion an der Eucharistie teil. - Vgl. J. Corbon, Liturgie aus dem Urquell. Einsiedeln 1981, 92.

dir kein Glied mehr fehlt. Warten wirst nämlich auch du, wie du selbst erwartet wirst.[84]

In der Gemeinschaft des Glaubens, die in der eucharistischen Koinonia gründet, gilt sogar das Gesetz, daß einer aus den Gütern und der Vollkommenheit des anderen nehmen und für sich in Anspruch nehmen darf.

Jede Heiligenverehrung ist also in der Gemeinschaft des Heils und in der Solidarität auf dem Weg des Glaubens begründet, die alle Zeiten umfaßt. So weiß sich die pilgernde Kirche, die sich aus der Feier der Eucharistie aufbaut, eins mit der himmlischen, hört doch der Dienst aneinander und füreinander im Glauben mit dem Tod nicht auf. Selbst wenn das Neue Testament diesen Gedanken nicht eigens weiter bedenkt und entfaltet, glaubt die Kirche, daß sich die Gemeinschaft der Heiligen im Jenseits fortsetzt.

Die himmlische Welt durchdringt *in apokalyptischer Weise* die irdische Zeit, bestimmt die apokalyptische Dimension der Zeit doch den ganzen Verlauf der Geschichte und des menschlichen Lebens. Die Zukunft ist die Quelle, aus der gegenwärtig Zeit und Welt hervorgehen. In der Tat bedeutet dies, wie wir schon ausführten, eine »Relativierung« der Zeit, doch zugleich erhält alles Unfertige und Unvergängliche aus der Zukunft eine letzte Sinngestalt. Der Sinn des letzten Buches der Heiligen Schrift, nämlich der Apokalypse als »Offenbarung« des ganzen Heilsmysteriums Christi, liegt somit darin, uns, die wir in den letzten Zeiten leben, das verborgene, nämlich eschatologische Antlitz der Geschichte zu eröffnen.

Die Gläubigen »gedenken« in der Liturgie der vergangenen Heilstat am Kreuz und der Auferstehung des Herrn, aber auch der Zukunft und der Wiederkunft des zum Vater Heimgekehrten. Dies drückt sich in dem für die Chrysostomus-Liturgie eigenen Verständnis des Wortgot-

---

[84] Origenes, Hom. in Leviticum VII,2 (PG 12,480); vgl. H. de Lubac, Glauben aus der Liebe. Einsiedeln 1970, 368-373.

tesdienstes aus. Die Lesungen werden durch das vorher gesungene Trishagion in den Kontext der Doxologie gestellt, was besagt, »daß das Wort Gottes zur Kirche nicht einfach aus der Vergangenheit als Buch und fixierter Kanon kommt, sondern hauptsächlich als eschatologische Realität des Reiches, vom Thron Gottes, der zu diesem Zeitpunkt der Liturgie vom Bischof eingenommen wird«[85].
Christus, der eine und vollkommene Priester, hat seine Liturgie auf Erden, besonders auf Golgotha vollzogen und lebt verherrlicht zur Rechten des Vaters, um dort die von ihm auf Erden begonnene Liturgie fortzusetzen und alle auf Erden Pilgernden in sie hineinzunehmen. Diese Hineinnahme zeigt sich in den irdischen Riten, unter deren Hülle die himmlische Liturgie Christi offenbar wird, denn sie bilden ab, was Christus im Himmel tut:

> *In der Göttlichen Liturgie der Orthodoxen Kirche wird die gottesdienstliche Gemeinschaft mit der himmlischen Kirche aber mehrfach wiederholt und dann auf jeweils unterschiedliche Weise thematisiert: Bereits in der Proskomidie geschieht das in der Ordnung der symbolischen Partikel: Die Heiligen werden zusammen mit anderen Lebenden und Entschlafenen symbolisch um das 'Lamm' geschart. Zum Kleinen Einzug bittet der Priester, 'daß mit unserem Einzug auch der Einzug der heiligen Engel geschehe, die mit uns die Liturgie vollziehen und mit uns deine Güte preisen'. Das Gebet zum Trishagion spricht von der Verherrlichung Gottes durch die Cherubim. Der Cherubim-Hymnus singt davon, daß die Gläubigen im Gottesdienst 'die Cherubim geheimnisvoll abbilden', während der 'König des Alls [...] unsichtbar von den himmlischen Heerscharen im Triumph geleitet wird', und so - östlichem Bildverständnis entsprechend - in Gemeinschaft mit den*

[85] J. Zizioulas, Apostolic Continuity and Orthodox Theology, in: SVTQ 2 (1975) 75-108, hier 93, Anm. 70 (übersetzt von K.C. Felmy).

Abgebildeten treten. In der Präfation kommt der Gedanke an den Gottesdienst der 'sechsflügeligen, vieläugigen, schwebenden und fliegenden Cherubim und Seraphim' und die gottesdienstliche Gemeinschaft 'mit diesen seligen Kräften' viel machtvoller zum Ausdruck als in den westlichen Präfationen. Und die eucharistische Intercessio betet wie die Proskomidie für Heilige, Entschlafene und Lebende.[86]

Das Theologumenon der *Einheit irdischer und himmlischer Liturgie* ist ebenso für den lateinischen Ritus zentral. In Artikel 8 der Liturgiekonstitution heißt es hierzu zusammenfassend:

In der irdischen Liturgie nehmen wir vorauskostend an jener himmlischen Liturgie teil, die in der heiligen Stadt Jerusalem gefeiert wird, zu der wir pilgernd unterwegs sind, wo Christus sitzt zur Rechten Gottes, der Diener des Heiligtums und des wahren Zeltes. In der irdischen Liturgie singen wir dem Herrn mit der ganzen Schar des himmlischen Heeres den Lobgesang der Herrlichkeit. In ihr verehren wir das Gedächtnis der Heiligen und erhoffen Anteil und Gemeinschaft mit ihnen. In ihr erwarten wir den Erlöser, unseren Herrn Jesus Christus, bis er erscheint als unser Leben und wir mit ihm erscheinen in Herrlichkeit.

Der Hebräerbrief sieht das Leben der Gläubigen als eine Prozession zum Heiligtum Gottes, um dort Gott nahe zu sein, ihn zu sehen, zu loben und ihm Opfer darzubringen. Von daher ergeben sich die bekannten Themen des Briefes: das pilgernde Gottesvolk; das Gottesvolk als Kultgemeinschaft; Christus, der Gottessohn, als erlösender und hei-

---

[86] K.C. Felmy, Die Deutung der Göttlichen Liturgie in der russischen Theologie. Wege und Wandlungen russischer Liturgie-Auslegung, Berlin-New York 1984, 9f.

ligender Hoherpriester, als Haupt und Führer der pilgernden Kultgemeinschaft; das sittliche Leben der Gläubigen als Voraussetzung und Folge ihrer Teilnahme an der Kulthandlung Christi, ihres Hauptes; der heiligende Kult des Alten Bundes als Vorausbild und Schatten des heiligenden Kultes Christi; die nun zeitlose Aktualität der himmlischen Liturgie, die der verherrlichte Herr zur Rechten des Vaters in der liturgischen Festgemeinde (panegyris) der Engel und der zu ihrem Ziele gelangten Gerechten feiert, an der die Christen schon teilnehmen.

Nicht wie die Hebräer nahen sich die Christen dem Berg Sinai (liturgischer Ausdruck), »sondern ihr seid hinzugetreten zum Berg Sion, der Stadt des lebendigen Gottes, dem himmlischen Jerusalem: zu den zahllosen Engelscharen und zum Festjubel (panegyrei), zur Gemeinde (ekklesia) der Erstgeborenen, die im Himmel aufgeschrieben sind - zu Gott, dem Richter über alle, zu den Seelen der vollendeten Gerechten, zu Jesus, dem Mittler des Neuen Bundes und zum Blut der Besprengung, das lauter ruft, als Abels Blut es vermochte« (vgl. Hebr 12,22-24).

Das christliche Leben bildet eine liturgische Prozession zum Heiligtum Gottes, um dort vor Gott zu erscheinen. Ja, die Christen, die den neuen Glauben und das neue Leben annahmen, haben in gewissem Sinn das Ziel ihrer liturgischen Prozession schon erreicht. Dies ist ihnen möglich dank Jesus, dem einzigen Hohenpriester und wahren Mittler des Neuen Bundes. Beide Liturgien, nämlich die auf Erden wie auch die im Himmel, bilden, wie wir schon sagten, ein und dieselbe Realität und unterscheiden sich nur der Sichtbarkeit und der Fülle nach, ähnlich wie Symbol und Wirklichkeit.

In der Liturgie auf Erden wird gegenwärtig, was der Seher in der Apokalypse schaute, als er »in der Mitte vor dem Throne und den vier lebenden Wesen, umgeben von den Ältesten, ein Lamm stehen sah wie geschlachtet« (Offb 5,6). Dieses Lamm ist kein anderer als der »Hohepriester, der im Himmel zur Rechten des Thrones der Majestät Platz genommen hat, als priesterlicher Diener am Heiligtum, am wahren

Zelt« (Hebr 8,1f.), unser »Fürsprecher beim Vater« (vgl. 1 Joh 2,1), allzeit lebendig, um für uns einzutreten (vgl. Hebr 7,25).

Die Ikone des heiligen Nikolaus von Myra

Der zweite Patron der neuen Kirche ist, wie schon im alten Oratorium, der heilige Nikolaus, Erzbischof von Myra in Lykien. Seine Ikone bildet die Mitte dieser Andachtsstätte.

Zunächst Mönch, setzte sich Nikolaus als Bischof mutig für den wahren Glauben ein und erlitt dafür, wie seine Mitchristen, tapfer alle Qualen des Gefängnisses und der Folter. Unter Kaiser Konstantin freigelassen, kehrte er nach Myra zurück, wo er verstarb. An seinem Grab geschahen viele Wunder. Heute befinden sich seine Reliquien in Bari. Nikolaus ist - neben Maria - vor allen anderen Heiligen ausgezeichnet. Die frühe Kirche stellt ihn gleichberechtigt neben die großen Theologen Johannes Chrysostomus, Gregor von Nazianz, Basilius und Gregor von Nyssa; auch werden Nikolaus jene Attribute zugeteilt, die den Aposteln und der Gottesmutter vorbehalten sind; mehr als alle anderen Heiligen wird er dadurch gewürdigt, daß er in der byzantinischen Liturgie den Donnerstag als Gedächtnistag erhält, also den Tag, der ursprünglich dem Gedächtnis der Apostel gewidmet war, während die lateinische Kirche ihm sogar zwei Festtage gab, nämlich den 6. Dezember und den 9. Mai.

Die besondere Bedeutung des heiligen Nikolaus zeigt sich ebenso auf seiner Festtagsikone. Der thronende Nikolaus ist bewußt dem Pantokrator Christus nachgebildet. In hoheitsvoller Haltung, bekleidet mit den bischöflichen Gewändern, erscheint er als der königliche Lehrer. Seit frühester Zeit zeigen fast alle Nikolaus-Ikonen Jesus und Maria neben dem Haupt des Bischofs. Denn Christus selbst, so wird berichtet, habe ihm das Evangelienbuch überreicht und Maria das bischöfliche Omophorion: Der kirchlichen Weihe entsprach demnach eine himmlische, und hinter der Sendung auf Erden steht der himmlische Christus.

ie frühe Kirche verehrte den früheren Bischof von Myra als einen der ersten Heiligen, der kein Martyrer war. Weil selbst Zauberer und Dämonen alle möglichen Wunder imitieren können, ist für die frühe Kirche als Erweis der Heiligkeit nur ein Kriterium ganz eindeutig und ohne jeden Betrug: ein ganzes Leben lang gut zu sein und im Alltag den Glauben in Liebe zu leben. In seiner Menschenfreundlichkeit wurde der Bischof von Myra zum Sinnbild des stets gegenwärtigen und lebendigen Christus. Als lebendige Ikone findet sich der heilige Nikolaus zu allen Zeiten und an allen Orten in vielerlei Gestalt wieder.[87] So ist Nikolaus nie gestorben, bis in unsere Tage: Er tritt auf als Martin, der mit dem frierenden Bettler den Mantel teilte, als Franziskus, der als Armer unter den Armen lebte, als Dominikus, der die Unwissenden belehrte und den Irrglauben bekämpfte, als Elisabeth, die die Armen speiste und die Aussätzigen pflegte, als Hedwig, die Hilfsbereitschaft mit edler Selbstzucht verband, als Maximilian Kolbe, der im KZ sein Leben für einen Mitgefangenen hingab, als Martin Luther King, der für die Rechte seiner farbigen Landsleute kämpfte und starb, als Mutter Teresa, die in den Elendsquartieren von Kalkutta den Ausgestoßenen ein menschliches Sterben ermöglichte...

In diesen Grundhaltungen der Heiligkeit wird die Menschenfreundlichkeit Gottes sichtbar. Im Vorspruch der »Vita per Michaelem« (um 800) wird Nikolaus als der Morgenstern bezeichnet, der von der aufgehenden Sonne sein Licht empfängt. Nur vom Licht des menschgewordenen Gottes her können wir die Kerzen der Menschlichkeit anzünden. Das sollte die tiefste Botschaft aller Nikolausgestalten sein: mit Leib und Seele am Licht Christi das Licht einer neuen Menschlichkeit anzuzünden.

---

[87] Vgl. hierzu L. Heiser, Nikolaus von Myra. Ein Heiliger der ungeteilten Christenheit, Trier 1978

Die Reliquien der Andachtsstätte

Sodann finden sich in einem kleinen *Gefäß aus Goldschmiedearbeit* kostbare Reliquien der Heiligen: Barbara († 306; orth. und röm.: 4. XII.); Maximus und Damitius (4.Jh.) aus dem koptischen Dair al-Baramus Kloster der Syrer (Wadi Natrun); Bischof Kunibert von Köln († 664, röm.: 12.X1.); Ignatius von Loyola († 1556; röm.: 31.VI1.); Petrus Canisius († 1597; röm.: 27.IV. in Deutschland, sonst 21.XII.); Claude de la Colombiere († 1682; röm.: 15.XI.); Franziska Schervier († 1876; röm.: 14.XII.); Pfarrer von Ars († 1859; röm.: 4.VIII.); Bruder Konrad von Parzham († 1894; röm.: 21.IV.); Edith Stein († 1942; röm.: 9.VIII.); Rupert Mayer († 1945; röm.: 3.XI.); Petro Verhun († 1957; ukr.: 7.XI.); Pio von Pietrelcina († 1968, röm.: 23.1X.).

In einem *Tragekreuz* sind weitere Reliquien, vor allem von Kölner Heiligen, in folgender Reihenfolge vereint: Teresa a Jesu († 1582; röm.: 15.X.); Teresia vom Kinde Jesu († 1897, röm.: 1.X.); Ludwig Maria Grignon de Montfort († 1716; röm.: 28.IV.); Ursula und Gefährtinnen († um 383; röm.: 21.X.); Papst Pius X.(† 1914; röm.: 21.VIII.); Papst Clemens († 97 oder 101; arm.: 24.X1., kopt.: 25.X1., röm.: 23.X1.); Benignus († 472; röm.: 21.X1.); Gereon und Gefährten († 304; röm.: 10.X.); Maria Magdalena Pazzi († 1607; röm.:25.V.); Mauritius († um 290; röm.: 22.IX. und 27. XII.); Eusebius († 379/380; orth.: 22.VI.; Apostel Andreas († 60; orth. und röm.: 30.XI.).

SS. Patriarch Gregorios III. Laham schenkte zur Einweihung der neuen Kirche ein reich geschmücktes *Reliquiar* des maronitischen Heiligen Charbel Makhlouf († 1898; maron. und röm.: 24.VII.)

Die Bildreihe der Heiligen

Am rechten Rand der Decke sind vorne im Altarbereich die großen Liturgen der Ostkirche dargestellt, und zwar der Apostel und Herrenbruder Jakobus, der Erzbischof Basilius von Caesarea und der Erzbischof Johannes Chrysostomus.

»Die heilige und göttliche *Liturgie unseres heiligen Vaters Jakobus*, Apostels und Herrenbruders, des ersten Bischofs von Jerusalem« fand von Palästina aus Eingang in alle orthodoxen Kirchen, wird aber in der byzantinischen Kirche ab dem 6. Jahrhundert verdrängt und heute nur selten zelebriert, meistens am Fest des Apostels Jakobus und am Sonntag vor Weihnachten. Diese Liturgieform wird dem heiligen Apostel und Herrenbruder Jakobus zugeschrieben, also dem ersten Bischof von Jerusalem. Die Schriftgelehrten stürzten ihn von der Tempelzinne und steinigten ihn zu Tode; er starb wahrscheinlich am 10. April 62, an einem Passahfest. Einige seiner Reliquien befinden sich heute in der Kirche zu den Zwölf Aposteln in Rom. In der römischen Kirche ist sein Fest am 11. Mai; die Orthodoxie begeht sein Gedenken am 23. Oktober.
Auch Johannes Chrysostomus feierte als Bischof von Antiochien die Jakobus-Liturgie und erwähnt sie ausdrücklich in seinen Homilien und Schriften. Die antiochenische Liturgie, welche wiederum die Chrysostomus-Liturgie wesentlich geprägt hat, ist also nicht zu verstehen ohne die Liturgie der Stadt Jerusalem. Antiochien übte nicht nur wichtige Einflüsse auf Jerusalem aus, es hat von dort auch entscheidende Impulse erhalten. Die Liturgie der Stadt Jerusalem war damals eine griechische, doch mit syropalästinensischen, arabischen, armenischen und georgischen Übertragungen,[88] was sich aus der zunehmenden Bedeutung der Heiligen Stadt erklärt. Nach der Zerstörung im Jahr 70 nahm die Bedeutung Jerusalems für die weitere Entwicklung der christlichen Liturgie zunächst ab, jedoch wuchs sie unter Konstantin enorm an, erst recht, als die Stadt 325 durch das Konzil von Nikaia zu einem »Patriarchat« erklärt wurde.[89] Unter Kaiser Konstantin wird der Jerusalemer Gottesdienst prachtvoll ausgestaltet und das

---

[88] In den ersten Jahrhunderten wurde fast im ganzen Osten und Westen die Liturgie in der griechischen Sprache gefeiert, was den verschiedenen Liturgien eine innere Einheitlichkeit gegeben hat.

[89] Wenn auch »unbeschadet der Vorrechte des Metropoliten von Kaisareia«, wie es im 7. Kanon heißt.

liturgische Erbe reich entfaltet, vor allem indem die Heilsereignisse, wie die Pilgerin Egeria berichtet, an den jeweiligen Orten zu den Stunden der biblischen Berichte festlich begangen werden. Der byzantinische Ritus übernimmt zahlreiche Impulse aus Jerusalem in der Ausgestaltung des liturgischen Festkreises, des Kirchenbaus und der Tagzeitenliturgie.
Die Liturgie des Heiligen Jakobus, deren Feier ziemlich viel Zeit in Anspruch nahm, geriet schon sehr bald in Vergessenheit. Ferner dürfte die Polemik zwischen Monophysiten und Melkiten bis ins 11. Jh dazu beigetragen haben, daß die traditionellen Liturgien von Antiochien, Jerusalem und Alexandrien aufgegeben wurden und man sich der byzantinischen Tradition, speziell der Chrysostomus-Liturgie zuwandte. Zudem finden sich reiche Verbindungen zur Basilius-Liturgie, auf jeden Fall hat die Jakobus-Liturgie auch diese beeinflußt.
Mit dem 12. Jahrhundert muß Jerusalem seine liturgische Eigenständigkeit aufgeben und geht in der byzantinischen Liturgiefamilie und deren Chrysostomus-Liturgie auf; die Jakobus-Liturgie gerät in Vergessenheit (spätestens ab dem 12. Jh.). Neuerdings kommt der Jakobus-Liturgie in Jerusalem und Galiläa eine neue Bedeutung zu. Die Lima-Liturgie ist von ihr beeinflußt.

Die *Liturgie des heiligen Basilius* († 379) ist früher bezeugt und damit in ihrer theologischen Aussage ursprünglicher als jene Liturgie, die dem Kirchenvater Johannes Chrysostomus († 407) zugeschrieben wird. Erste literarische Hinweise auf die Existenz der Basiliusliturgie reichen bis ins 6. Jahrhundert zurück; ihr Grundtext, das Hochgebet, wird in einem Euchologion aus dem 8./9. Jahrhundert angeführt.
Über lange Zeit war die Basilius-Liturgie die offizielle und einzige Liturgie der Stadt Konstantinopel. Zur Zeit des Nikephoros I. Homologetes wurde in Konstantinopel, wo er von 806 bis 815 Patriarch war, die Chrysostomus-Liturgie werktags und die Basilius-Liturgie an den Sonn- und Feiertagen gefeiert. Außerhalb der Stadt Konstantinopel hingegen blieb die Chrysostomus-Liturgie bis ins 9. Jahrhundert eher

unbekannt. Bis in die früh- und mittelbyzantinische Zeit blieb die Basilius-Liturgie die Hauptliturgie, doch wurde sie schließlich - nicht zuletzt aufgrund ihrer Länge - durch die Chrysostomus-Liturgie zunehmend verdrängt.
Heute wird die Basilius-Liturgie zehnmal jährlich gefeiert, nämlich an den Vortagen von Weihnachten und Theophanie, am 1. Januar - Fest des Basilius -, an den fünf ersten Sonntagen der großen Fastenzeit, am Großen Donnerstag und Großen Samstag.

Bei der *Liturgie des heiligen Johannes Chrysostomus* handelt es sich, wie schon angedeutet, um eine antiochenische Liturgie. Johannes Chrysostomus war zuerst Erzbischof von Antiochien, bevor er nach Konstantinopel kam, und hatte sich viel mit Liturgie beschäftigt. Als antiochenische Liturgie stammt die Chrysostomus-Liturgie letztlich aus Jerusalem und von den Aposteln. Viele Elemente dieser Liturgie finden sich auch in den anderen orientalischen Riten, nämlich im syrischen, maronitischen und teilweise im koptischen Ritus, so daß sie wirklich die universale Liturgie der Apostel ist und nicht nur die Liturgie des heiligen Johannes Chrysostomus.[90]
Das II. Ökumenische Konzil von 381 gibt Konstantinopel den Ehrenplatz nach Rom, und auf dem IV. Ökumenischen Konzil von Chalkedon im Jahr 451 wird das Patriarchat des Neuen Rom dem von Altrom gleichgestellt; damit scheint der Rangstreit mit Alexandrien, dem bedeutendsten Bischofssitz im Osten, endgültig besiegelt zu sein, was nicht ohne Folgen bleiben sollte. Die weitere Entwicklung stärkt die Bedeutung Konstantinopels in der Geschichte der Liturgie und ihrer Entfaltung; die Kaiserstadt übernimmt den antiochenischen Liturgietyp, entfaltet ihn aber nach eigenen Vorgaben weiter.
Vermutlich geht die byzantinische Chrysostomus-Liturgie auf die Bearbeitung eines syrischen Formulars zurück (H. Engberding). Indem

---

[90] Vielleicht hat die Chrysostomus-Liturgie gerade deshalb eine so große Bedeutung erhalten, weil sie so eng mit der Liturgie Jerusalems verbunden ist.

Johannes Chrysostomus bei der Entfaltung der Liturgie wesentlich auf das liturgische Erbe der Stadt Antiochien, wo er über Jahre Prediger war, zurückgreift,[91] bedient er sich keiner bloßen Lokaltradition, sondern eines bedeutenden liturgischen Erbes aus dem größten nacha stolischen Zentrum des Christentums.[92]
Ursprünglich wurde die Göttliche Liturgie des heiligen Johannes Chrysostomus in Griechisch wie auch in Syrisch und Aramäisch gefeiert, je nachdem, ob sie in der Stadt oder auf dem Land zelebriert wurde. Mehr oder weniger ist man sich heute darin einig, die Chrysostomus-Liturgie nicht dem Kirchenvater zuzuschreiben. Erst vom 8. Jahrhundert an läßt sich eine solche Zuweisung belegen. Wohl lassen viele Texte an Antiochien im späten 4. Jahrhundert denken und eine Verwendung in Konstantinopel, teils von Johannes Chrysostomus, möglich erscheinen. Mit Sicherheit läßt sich jedoch sagen, daß vor allem die Anaphora auf die Zeit des Heiligen, vermutlich sogar auf ihn selbst zurückgeht.
Die Chrysostomus-Liturgie wurde bis ins 9. Jahrhundert weiter entfaltet[93] und blieb seither mehr oder weniger so, wie sie heute noch in der byzantinischen Kirche gefeiert wird. Auch wenn sie später als *byzantinische* Liturgie bezeichnet wird, hat sie eigentlich recht wenig mit Byzanz zu tun, sondern mehr mit Jerusalem, Syrien, Palästina, Antiochien und Alexandrien; als sie aber über Jerusalem und Antiochien nach Konstantinopel (= Byzanz) kam, wurde sie dort mit vielen Elementen angereichert und darf wohl in diesem Sinn auch als ein Ausdruck der byzantinischen Kultur angesehen werden.[94]

---

[91] Johannes Chrysostomus hat antiochenisches Gebetsgut nach Konstantinopel gebracht, besonders in theologischen Auseinandersetzungen mit den Arianern und Pneumatomachen am Ende des 4. Jahrhunderts.

[92] Auch in der römischen Liturgie läßt sich der Einfluß Antiochiens nachweisen, und zwar bis ins 3. Jahrhundert; danach erst nehmen in Rom die nordafrikanischen und alexandrinischen Impulse zu.

[93] Ab dem 8. Jahrhundert kam z. B. die Proskomidie hinzu.

[94] Das Wort »byzantinisch« kommt später auf; erst im 16. Jahrhundert spricht man

Die Eucharistiefeier Konstantinopels stand schon früh unter dem liturgischen Einfluß Kappadokiens (Basilius) und Antiochiens (Johannes Chrysostomus). Da nach den theologischen Auseinandersetzungen auf dem Konzil von Chalkedon die orthodoxen »Melkiten« eine Minderheit darstellten, übernehmen sie um so eifriger die liturgische Tradition Konstantinopels, bis schließlich der byzantinische Ritus die ganze Orthodoxie bestimmt. Der Patriarch Theodor Balsamon läßt im Jahr 1195 verlauten: »Alle Kirchen Gottes müssen dem Brauch des Neuen Rom folgen und die Liturgie nach der Tradition der großen Kirchenlehrer und Leuchten der Frömmigkeit, des hl. Johannes Chrysostomus und des hl. Basileios, feiern.«[95]
Ein Hauptkennzeichen der Chrysostomus-Liturgie ist, daß sie in verschiedenen Sprachen gefeiert wird; zudem hat sie eine große Weite, so daß man diese Liturgie mit Recht als *katholisch* im wahrsten Sinn des Wortes bezeichnen darf. Heute feiern mehr als 200 Millionen Christen die Göttliche Liturgie des heiligen Johannes Chrysostomus. Neben der lateinischen Liturgie ist sie damit die am meisten verbreitete Liturgie (des östlichen Ritus).[96]

Im rechten Deckenbereich vor der Ikonostase sind weitere Heilige dargestellt, welche in einer besonderen Beziehung zur anwesenden Ge-

---

von »Byzanz«.

95 PG 138,953.

96 In der Fastenzeit wird an Wochentagen üblicherweise keine Liturgie gefeiert. Die Möglichkeit des Kommunionempfangs gibt es aber in der *Liturgie der Vorgeweihten Gaben*. Bei der Liturgie der Vorgeweihten Gaben handelt es sich um eine Art Vesper mit Kommunionausteilung (der schon verwandelten und dann aufbewahrten eucharistischen Gaben). Diese Liturgie, welche auch »Präsanktifikatenmesse« genannt wird, wird Gregorios Dialogos (also Papst Gregor dem Großen, † 604) zugeschrieben, aber auch Epiphanios von Cypern und Basilius dem Großen. Ihre Entstehung reicht jedoch vermutlich in die nachapostolische Zeit zurück, also in die Zeit nach 100. Die Liturgie der Vorgeweihten Gaben wird im byzantinischen Gottesdienst am Mittwoch und Freitag in den ersten sechs Wochen der Großen Fastenzeit, am Donnerstag der vierten Woche und an den ersten drei Tagen der Karwoche, der »Großen Woche«, gefeiert.

meinde stehen.
Der heilige *Romanos der Melode* († um 560), der nach den großen Liturgen in der Reihe der Bilder folgt, ist der Patron des hiesigen Kirchenchores. Sein Fest wird am 1. Oktober gefeiert. Obwohl er als einer der größten orthodoxen Hymnensänger gilt, wissen wir über sein Leben und Wirken in Konstantinopel nur recht wenig Zuverlässiges, was viele Legenden über ihn entstehen ließ. In Syrien geboren, war er Diakon zu Berytos; zum Priester geweiht, wirkte er in Konstantinopel an der Kirche der allheiligen Gottesmutter im Kyros-Viertel. Er dichtete zahlreiche Kondakien, vor allem das Weihnachtskondakion, und darf mit Recht als einer der größten, wenn nicht gar als der größte aller byzantinischen Dichter bezeichnet werden.
Mit dem Namen des heiligen Romanos ist in der Tradition unmittelbar der *Hymnos Akathistos* verbunden. Da dieser vor Ort vom Chor wie auch von der Gemeinde gerne gesungen wird, sei es erlaubt, ein wenig ausführlicher auf diesen Hymnos einzugehen, damit die Gläubigen um seine Bedeutung wissen. Auch wenn der eigentliche Verfasser des Hymnos Akathistos unbekannt ist, erinnert er in vielem an Romanos den Meloden, weshalb die Tradition ihm diesen Hymnos auch gerne zuschreibt, was insofern nicht abwegig ist, als ein solcher Text nur von einem sehr großen Theologen verfaßt sein kann.[97]
Für die östliche Tradition der Hymnen, die das östliche Beten bis heute bestimmen, ist es bezeichnend, daß sie in ihrem Lobpreis auf den dreieinen Gott immer auch die Gottesgebärerin Maria bedenkt. So enden die großen Hymnen des byzantinischen Stundengebets stets mit einem »Ehre sei dem Vater« und dem »Theotokion«, also dem Ge-

---

[97] Goltz sagt: »Es gilt in der Fachwissenschaft heute nicht als ausgeschlossen, daß der Text des in griechischer Sprache geschriebenen Ur-Akathistos auf den heiligen 'Meloden' Romanos, einen der berühmtesten östlichen Kirchendichter, zurückgeht« (H. Goltz, Akathistos-Hymnen der Ostkirche, Leipzig 1988, 218). Daß der Lobpreis auf Maria Romanos dem Meloden (6. Jh.) zugeschrieben werden darf, wird von manchen bezweifelt. Zu Romanos und den Marienfesten des 6. Jahrhunderts: H.-G. Beck, Kirche und theologische Literatur im byzantinischen Reich. München 1959, 425ff.260.

dächtnis der Mutter Gottes. In der Göttlichen Liturgie schließen die Ektenien mit der Formel: »Unserer allheiligen, allreinen, hochgelobten und ruhmreichen Herrin, der Gottesgebärerin und immerwährenden Jungfrau Maria mit allen Heiligen gedenkend, wollen wir uns selbst und einander und unser ganzes Leben Christus, unserem Gott, überliefern.« Aus dem »Würdig ist es« der Präfation wird nach der Epiklese des Hochgebets der größte Lobgesang auf die Gottesgebärerin in der Göttlichen Liturgie:

> *Wahrhaft würdig ist es, Dich, die Gottesgebärerin, selig zu preisen, die allzeit selige und ganz makellose Mutter unseres Gottes. Geehrter als die Cherubim und unvergleichlich herrlicher als die Seraphim, hast Du unversehrt Gott, das Wort, geboren, in Wahrheit Gottesgebärerin, Dich lobpreisen wir.*

Maria ist geehrter als die Cherubim und Seraphim, weil diese nach Pseudo-Dionysios Areopagita unter allen Chören der Engel Gott am nächsten stehen; Maria ist ihm aber noch näher, da sie »Gott, das Wort, geboren hat«.

Wie kam es aber zur Entstehung dieses »Hymnos Akathistos«? Seit der Mitte des 6. Jahrhunderts feiert der Osten neun Monate vor Weihnachten das Fest der Verkündigung, und der Westen folgte ihm schon bald. Da es sich um ein Herrenfest handelt, bereitet die Festlegung des Datums auf den 25. März keine Schwierigkeit trotz der frühkirchlichen Gewohnheit, in der Fastenzeit von Martyrer- und Heiligenfesten abzusehen.[98] Doch hatte die Synode von Laodizäa doch in ihrem 49. Kanon festgelegt, daß man »in der Fastenzeit außer am Samstag

---

[98] Der 25. März galt schon im dritten Jahrhundert als der Tag der Neuschöpfung, und da nach Lk 1,26 Christus sechs Monate später als Johannes empfangen wurde, ließ sich seine Empfängnis auf den 25. März und seine Geburt auf den 25. Dezember ansetzen. Das östliche Fest »Verkündigung der Gottesgebärerin« (mit den Inhalten aus Lk 1,26-38) wird nach der Einführung in Rom (7. Jh.) zum Fest »Verkündigung des Herrn«.

und Sonntag das Brot nicht opfern darf«; nur an diesen beiden Tagen durfte Liturgie gefeiert werden, eine Anordnung, in der sich übrigens die hohe Wertschätzung des Samstags - eben aufgrund des Sabbats - in der frühen Kirche zeigt. Da der Sonntag dem Herrengedächtnis vorbehalten ist, wurden am Samstag die großen Heiligenfeste der Woche nachgeholt, wie es der 51. Kanon festlegt.
Darüber kam es zu dem Brauch, am Samstag vor dem fünften Fastensonntag, also in unmittelbarer Nähe zum 25. März, das Fest der Verkündigung des Herrn festlich zu begehen. Demnach ist der Akathistos-Samstag das eigentliche Verkündigungsfest in der griechischen Kirche. Während man ursprünglich (bis ins 9. Jahrhundert) den Hymnos Akathistos am 4. oder 5. Samstag vor dem jeweiligen Fastensonntag sang, kam schon bald der Brauch auf, an den ersten vier Fastensamstagen (bzw. Freitagabenden) je ein Viertel des Hymnos anzustimmen (nämlich Oikoi 1-6, 7-12, 13-18, 19-24).[99]
Die westliche Kirche nimmt eine andere Entwicklung, weil hier schon sehr früh der Brauch aufkommt, an jedem Tag der Fastenzeit die Heilige Messe zu feiern, so daß an dem jeweiligen Festtag, wie eben am 25. März, das entsprechende Fest begangen werden kann. Ähnlich verhält es sich bald auch im Osten, denn 692 legte die Trullanische Synode im 52. Kanon fest, daß das Verkündigungsfest am 25. März begangen werden soll. So gibt es im Osten ein doppeltes Fest der Verkündigung des Herrn.
Man darf wohl sagen, daß der »Hymnos Akathistos« auf einzigartige Weise Einblick gibt in die Theologie Romanos des Meloden und sogar überhaupt in die reiche Hymnologie der Orthodoxie. Denn die besondere Bedeutung der Kirchenmusik und speziell eines Chores in der byzantinischen Liturgie ergibt sich weniger aus Gründen der Festlich-

---

[99] Manche Orthodoxe beten den Hymnos Akathistos sehr häufig, auf dem Athos teils sogar täglich, in vielen orthodoxen Gemeinden wird er einmal die Woche (besonders am Samstag) oder sogar öfter gesungen. Er stellt das Ur-Modell aller weiteren Akathistos-Hymnen dar, die sich an Christus und einzelne Heilige richten oder auch Themen der Frömmigkeit aufgreifen.

keit, sondern aus dogmatischen Erwägungen. Alles Tun im Glauben bleibt ja dem Sein nachgeordnet, und was immer der Mensch in den Sakramenten und in der Liturgie empfängt, ist mehr, als er je selbst denken und verwirklichen kann. Da der Logos, die Quelle göttlichen Lebens, der ganzen Schöpfung innewohnt und alles in ihr seine Gestalt annimmt, ist auch das Leben des Menschen »worthaft«: Der Logos »hat nicht nur eine Welt gleich einem in vielfältigen Weisen inkarnierten Wort erschaffen; er hat auch ein Subjekt erweckt, das dieses Wort verstehen kann«[100]. Das Geschenk des neuen Lebens in Christus annehmend, lernt der Mensch, seinem Leben wie auch der Welt nicht mehr ein menschliches Siegel (nämlich das der Sünde) aufzudrücken, sondern das Siegel des göttlichen Lebens in Christus. Dies geschieht aber vornehmlich in der Liturgie und speziell in ihren Hymnen.

Die liturgische Aussage eines *Hymnos* gehört zum Spezifikum der byzantinischen Liturgie. Ein Hymnos ist mehr als ein feierlicher Gesang, in ihm kommt die ganze christliche Existenz zum Ausdruck, wie es der Apostel selber in Eph 5,19f. sagt: »Sprecht einander zu in Psalmen, Hymnen und geisterfüllten Liedern, singt und preist den Herrn in euren Herzen, sagt Gott und dem Vater allezeit Dank für alles im Namen unseres Herrn Jesus Christus.« Heinrich Schlier bemerkt zu Eph 1,3-14: »Die Eulogie ist Antwort auf die Offenbarung des Mysteriums, in der Gottes rettende Taten präsent werden und erscheinen. Das Mysterium erweckt selbst als die Epiphanie Gottes seinen Lobpreis.«[101] Emmanuel Jungclaussen definiert die byzantinische Hymnodie als jene Form des Gesangs, »die mit allen Elementen des Dichterischen als kündende Preisung und erweckende Predigt im Kult dem Mitfeiernden die lebendige Erfahrung des Mysteriums ermöglichen

---

[100] D. Staniloae, L'homme, image de Dieu dans le monde, in: Contacts 84 (1973/4) 297ff.

[101] H. Schlier, Der Brief an die Epheser. Düsseldorf 1958, 42.

will«[102]. Der Hymnos ist eine »feierliche Aussprache des Textes«: »Die dichterische Form wird durch die Musik nicht mehr beiseite geschoben, sondern verdeutlicht, ergänzt, vervollkommnet.«[103] Ähnlich wie beim Cherubikon sieht sich die den Hymnos singende Gemeinde als Abbild, als *Repräsentation* (im Sinne von »Vergegenwärtigung« oder »Vergleichzeitigung«) jener Gestalten aus der Heilsgeschichte der Bibel, von denen der Hymnos handelt bzw. singt.[104] Hermann Goltz resümiert: »In seiner Weise zeichnet der Hymnos die Offenbarung Gottes in Christus nach. Er will wie eine Ikone die Epiphanie, das Erscheinen Gottes in der Welt, in ihrer Gegenwärtigkeit zeigen.«[105] Wie die Ikone ist auch der Hymnos eine Synthese von dogmatischem Rang. Die höchste Auszeichnung eines östlichen Theologen zeigt sich schließlich darin, daß er ein Hymnologe ist, wie es Romanos in seinem Beinamen »Der Melode« zugesprochen wird.

Was die Musik in der Liturgie zum Klang bringt, zeigt die Ikone mit ihren Farben. So sehen wir in der Bildreihe vor der Ikonostase weiterhin den heiligen *Johannes von Damaskus* († vor 754) dargestellt, der wohl mit Recht als der wichtigste Theologe in der Auseinandersetzung mit dem Ikonoklasmus bezeichnet werden darf. Da seine Eltern recht begütert und angesehen waren, erhielt er eine ausgezeichnete Ausbildung. Als Mönch dichtete er zahlreiche Troparien und Kanones. Papst Leo XIII. gab ihm den Titel eines »Kirchenlehrers«. Wir sehen ihn mit einem Turban abgebildet, denn er war nicht nur Spielgefährte des späteren Kalifen Yazid I., sondern trat zeitweise auch in den Staatsdienst der islamischen Regierung in Damaskus ein.

---

102 E. Jungclaussen, Marienverehrung im östlichen Christentum, in: W. Beinert (Hg.), Maria heute ehren. Freiburg-Basel-Wien 1979, 53f.

103 E. Jammers, Musik in Byzanz, im päpstlichen Rom und im Frankenreich. Heidelberg 1962, 323.

104 Vgl. H. Goltz, Akathistos-Hymnen der Ostkirche. Leipzig 1988, 234.

105 Ebd., 224.

Der damalige Bilderstreit hätte wohl kaum ein derart eindeutiges Ende gefunden, wäre nicht Johannes von Damaskus mit seinem ganzen theologischen Vermögen für die Ikone und deren Verehrung eingetreten. Auf bischöfliche Bitten hin verfaßte Johannes von Damaskus in den Jahren 726-730 drei Schriften gegen die Verächter der Bilder.[106] Er bestimmt damit die Auseinandersetzung um das Bild als Anfrage an die Heilsordnung. Die Ablehnung der Bilder bedeutet nach Johannes Damaszenus einen Mißtrauensantrag gegen den Leib und gegen die Materie. Gott ist im Fleisch sichtbar erschienen: »Um meinetwillen Materie geworden, hat er es auf sich genommen, in der Materie Wohnung zu nehmen, und hat so durch die Materie mein Heil gewirkt«[107]. Bei seiner Inkarnation tritt Gott in die Materie ein und wird dem Menschen gleich, welcher hinwiederum eine mit dem Leib bekleidete Seele hat. Der von Gott eingeschlagene Weg wird zum unumgehbarenWeg des Menschen zu Gott. Deshalb ruft Johannes Damaszenus den Ikonoklasten zu: »Mache die Materie nicht schlecht!« Er sagt von sich selbst gegenüber dem Bilderstürmer, den er als einen »Manichäer« bezeichnet: »Ich höre nicht auf, die Materie zu ehren, durch die mein Heil gewirkt ist.« Freilich: »Ich verehre nicht die Materie, ich verehre vielmehr den Schöpfer der Materie, denjenigen, der um meinetwillen Materie geworden ist. [...] Ich verehre sie aber nicht als Gott.«

Johannes erhebt den Begriff »eikon« zum theologischen Schlüsselbegriff des christlichen Glaubens.[108] Ihm ist alles Bild, außer dem bildlos-unsichtbaren Bildgrund Gottes selbst. Schon der erste innergöttliche Hervorgang Gottes in der Zeugung des Sohnes besagt ein Bilden, ist der Sohn doch Bild des Vaters. Die geschaffenen Dinge und das in der Heiligen Schrift Geschriebene sind ebenso Bild. In gleicher Weise

---

106 Johannes von Damaskus, Imag. or. I (PG 94,1232A-1284A); Imag. or. I (PG 94, 1284B-1317A); Imag. or. III (PG 94,1317B-1420C).

107 Johannes von Damaskus, Imag. or. I 16; hier auch folgende Zitate.

108 Vgl. Johannes von Damaskus, Imag. or. III 16-26.

stellen die von Menschen gemachten Bilder Christi, der Mutter Gottes und aller Heiligen eine angemessene Fortführung der von Gott selbst begonnenen und ausgeführten Aus-Bildung dar. Ihnen kommt ein besonderer Rang zu, insofern sie den in seinem Sohn sichtbar gewordenen Gott abbilden. Die Bilder wiederum partizipieren an der pneumatischen Macht und Kraft der Heiligen, die sie in ihrem Leben erfüllt hat: »Göttliche Gnade wird den materiellen Dingen verliehen durch die Beziehung der Abgebildeten.«[109] Damit erklärt Johannes Damaszenus das Problem der Bilderverehrung zur Kernfrage des christlichen Glaubens überhaupt. Die Väter von Nikaia legen im Jahr 787 schließlich fest: »Wenn einer das Bild (Christi) verehrt und spricht: 'Dieser ist Christus, der Sohn Gottes', der sündigt nicht.«
Mit Recht sehen wir in der neuen Kirche vom Heiligen Kreuz zu Jerusalem ein Bild des heiligen Johannes von Damaskus, gilt er doch als maßgeblicher Theologe der zahlreichen Abbildungen dieses Gottesdienstraumes; zudem ist die hiesige Ortsgemeinde auf besondere Weise mit der griechisch-katholischen Kirche der Melkiten und ihrem Patriarchen Gregorios III. Laham aus Damaskus verbunden, nicht zuletzt durch den »Patriarchalischen Orden vom Heiligen Kreuz zu Jerusalem«, dessen Großmeister er ist.

In der Bildreihe sehen wir als nächsten den heiligen *Seraphim von Sarow* († 1833) abgebildet, der neben dem heiligen Erzbischof Nikolaus von Myra als der beliebteste Heilige Rußlands gilt. Der geistliche Weg dieses Heiligen ist insofern von Bedeutung, als sich in seinem Leben Grundstile orthodoxer Spiritualität widerspiegeln, was erklärt, warum gerade dieser Heilige eine so zentrale Stellung in der Frömmigkeit des russischen Volkes einnimmt. Der Lebensstil dieses Heiligen ergibt sich aus seinen Gebetserfahrungen, wobei die einzelnen Phasen seines Lebens je neue und sogar recht unterschiedliche Aspekte seiner Heiligkeit aufleuchten lassen.

---

[109] Johannes von Damaskus, Imag. or. I 36,14f.

Seraphim war Mönch des Klosters von Sarow. Nach 16 Jahren in der Gemeinschaft wählte er das Leben eines Einsiedlers: Am 20. November 1794 zog er sich in ein ungefähr sieben Kilometer weit entferntes Waldgebiet zurück, um dort allein seinem Gott in Stille, Gebet und Einsamkeit zu dienen. Diese Zeit der Zurückgezogenheit bestimmt eine radikale Form des Schweigens: Er mied alle Besucher und tat alles, um sich vor ihnen zu verbergen; als er schließlich auf Befehl seiner Oberen ins Kloster zurückkehrte, lebte er weiterhin in Schweigen und Kontemplation. Erst 1825, also wenige Jahre vor seinem Tod, öffnete er auf Geheiß der Gottesgebärerin seine Zellentür und erwies sich ab jetzt als Starez, den Tag für Tag tausende Besucher um Rat und Hilfe aufsuchten. Sein Leben in Schweigen und Zurückgezogenheit scheint nun in der geistlichen Sorge um das Seelenheil der Mitmenschen seinen Höhepunkt gefunden zu haben.
Kaum einer wird eine solche radikale Form der Einsamkeit und des Schweigens leben können, erst recht nicht jene, welche Tag für Tag ihren häuslichen und beruflichen Pflichten nachzukommen haben. Seraphim von Sarow setzt seine eigene Lebensweise keineswegs absolut, weiß er doch, daß ein derart außergewöhnlicher Weg nur für wenige möglich und ratsam ist. Der äußere Ort der Einsamkeit macht es zudem nicht, auf das innere Schweigen kommt es an. Die Einsamkeit eines Waldes oder einer Einsiedelei sind noch lange keine Gewähr, daß einer Gott findet, wesentlicher ist das »reine Herz«. Seraphim von Sarow scheint das Leben der Einsamkeit und des Schweigens identisch zu setzen mit der Erlangung des reinen Herzens, an der sich alles entscheidet, wie Christus in der Bergpredigt zu verstehen gibt.
Der heilige Seraphim steht ganz in der Tradition des frühen Mönchtums. Der Weg des Mönches beginnt mit der Taufe; in ihr sagt der Christ dem Satan und seinem »Pomp« ab, um »nichts der Liebe zu Christus vorzuziehen«[110]. Doch die Taufe löst noch nicht die Grund-

---

110 Athanasius, Vita Antonii 13; vgl. RB 4,19-22.

frage, wie ein Christ in der Welt, aber nicht von der Welt lebt.[111] Die Mönche geben hierauf eine glaubwürdige Antwort aufgrund ihrer Suche nach der »Reinheit des Herzens« und der vollkommenen Liebe; ohne eigens einem Elitechristentum zu huldigen[112], geben sie mit ihrem Leben einen Hinweis für den allen Christen aufgetragenen Weg des Glaubens.

Auffällig ist bei den Wüstenvätern, daß sie das geistliche Leben fast ausschließlich als Kampf mit den »Gedanken« verstehen, also mit den Versuchungen, Begierden und Leidenschaften: »Wer in der Wüste sitzt und die Herzensruhe pflegt, wird drei Kämpfen entrissen: dem Hören, dem Reden, dem Sehen. Er hat nur noch einen Kampf zu führen: den mit dem Herzen.«[113] Der Kampf im eigenen Herzen jedoch ist ein Kampf mit den »Logismoi«, die den Einzelnen bedrängen, versuchen und vielleicht sogar in die Verzweiflung führen.

Als Grundvoraussetzung, um ein reines Herz zu erlangen, gilt die Bereitschaft zur Vergebung, »siebenundsiebzigmal«: »wie auch wir vergeben unseren Schuldigern«. Als Seraphim von Sarow von Banditen überfallen und von ihnen aufs schlimmste verletzt wurde, so daß er fortan nur noch gekrümmt an einem Stock gehen konnte, setzte er alles daran, daß die Übeltäter nicht von einem Gericht verurteilt wur-

---

[111] Holzherr weist darauf hin, daß alle Christen angesprochen werden, denn der Mönch ist nichts anderes als jeder Christ: »Benedikts Regel ist für Mönche geschrieben. Doch [...] ist sie weitgehend identisch mit der altkirchlichen Spiritualität überhaupt.« Der Prolog der Regula geht zum Teil auf eine alte Taufkatechese zurück: »Wenn eine solche Taufkatechese, die ursprünglich für 'Christen' bestimmt war, nun die Basis für mönchische Spiritualität bildet, ist der 'Mönch' [...] für Benedikt schlicht ein 'Christ'. [...] Die Tauf-Absage an den 'Pomp' des Bösen konkretisiert sich in der Entsagung der Askese« (Die Benediktsregel. Eine Anleitung zu christlichem Leben. Übersetzt und erklärt von Georg Holzherr, Zürich-Einsiedeln-Köln 1980, 31f.). - Hieronymus (Ep. 39,3) bezeichnet das mönchische »propositum« als eine zweite Taufe.

[112] H. Fichtenau, Beiträge zur Mediävistik. Bd.I, Stuttgart 1975, 30f.

[113] Antonios 11 (PG 65,77C); vgl. Weisung der Väter. Apophthegmata Patrum, auch Gerontikon oder Alphabeticum genannt. Eingeleitet und übersetzt von B. Miller, Freiburg/Br. 1965, hier Nr. 748.

den. Er schreibt über die Notwendigkeit des Vergebens: »Man darf dem Nächsten gegenüber, der einem feindlich gesonnen ist, im Herzen weder Haß noch Rache hegen. Man muß sich vielmehr alle Mühe geben, ihn zu lieben und ihm soviel als möglich Gutes anzutun, indem man der Weisung unseres Herrn Jesu Christi folgt: 'Liebt eure Feinde, tut Gutes denen, die euch hassen.'«[114] Eine solche Vergebungsbereitschaft erfordert große Selbstüberwindung; die Kraft dazu findet der Mensch aus dem Wissen, daß ihm selbst von Gott und den Menschen viel vergeben worden ist.

Schließlich hat ein geistliches Leben im Glauben offen zu bleiben für den Anruf der Zeit. In ein Farbfenster des Aloisiuskollegs von Bad Godesberg ist ein Aphorismus von G.C. Lichtenberg eingraviert: »Die Klugheit eines Menschen läßt sich an der Sorgfalt ermessen, mit der er das Künftige oder das Ende bedenkt.« Dies scheint Seraphim von Sarow Zeit seines Lebens eingeübt zu haben. Sein Leben läßt sich verstehen als Vorbereitung auf den Heimgang zu seinem Schöpfer, vor dessen Angesicht sich alles Irdische relativiert. Kurz vor seinem Tod wiederholte Seraphim trotz nachlassender Kräfte immer wieder leise dieselben Worte, indem er zum Himmel wies: »Dort ist es besser, besser, besser!« In den letzten Stunden weinte er viel, wußte er doch, daß Gott auch ihm viel zu vergeben hat. Möge dieser Starze, der damals von abertausend russischen Pilgern aufgesucht wurde, in der neuen Kirche vom Heiligen Kreuz zu Jerusalem all denen mit Rat und Weisung zur Seite stehen, die sich im Gebet an ihn wenden.

Mit *Joannes Prassek* († 1943) ist in die Reihe der Heiligen ein Glaubenszeuge aufgenommen, der in der römisch-katholischen Kirche seit dem 25. Juni 2011 als »Seliger« verehrt wird. Daß er in der neuen Kirche vom Heiligen Kreuz zu Jerusalem eigens aufgeführt wird, obwohl er kein Orthodoxer war, erklärt sich vornehmlich daraus, daß er in

---

114 K. Kenneth (Hg.), Lebensbuch des Seraphim von Sarow. Geistliche Unterweisungen, Fribourg 2011, 39.

Sankt Georgen die (beiden) ersten Jahre seines Studiums absolvierte und ab 1937 als Kaplan des Bistums Osnabrück tätig war, seit 1939 in einer Lübecker Pfarre. In seinen Predigten lehnte er öffentlich das nationalsozialistische Regime ab, wurde daraufhin am 18. Mai 1942 verhaftet, ebenso die zwei in derselben katholischen Pfarre tätigen Geistlichen Eduard Müller und Hermann Lange wie auch der evangelische Pastor Kard Friedrich Stellbrink. Am 10. November 1943 wurden sie in einer Hamburger Haftanstalt mit dem Fallbeil hingerichtet. Heute werden sie in eins als die vier »Lübecker Martyrer« bezeichnet, ein Zeugnis einer »Ökumene des Blutes«.
Seine Eigenständigkeit im Denken und Wollen wie auch seine tiefe Verwurzelung im Glauben stellte Joannes Prassek in zahlreichen Predigten unter Beweis, in denen er sich deutlich und unmißverständlich mit dem NS-Regime und seiner Weltanschauung auseinandersetzte: »Aber einer muß die Wahrheit doch sagen!« Außerdem entwickelte er eine intensive Seelsorge bei den Gläubigen aus Polen, was damals streng verboten war, doch aufgrund seines unermüdlichen Einsatzes reiche Früchte trug. In einem Abschiedsbrief an seine Familie schrieb er, daß ihn jetzt nur »Freude und Glück« erwarteten: »Heute Abend ist es nun so weit, daß ich sterben darf. Ich freue mich so, ich kann es Euch nicht sagen, wie sehr. Gott ist so gut, daß er mich noch einige schöne Jahre als Priester hat arbeiten lassen.« Möge den Seminaristen, die sich in Sankt Georgen auf ihre Weihe vorbereiten, ein solcher Glaubensmut zuteil werden, ebenso jene tiefe Liebe zur Kirche, wie sie Joannes Prassek in seinem Leben bewahrt hat.

Die Bildreihe der Heiligen, die in der Kirche vom Heiligen Kreuz zu Jerusalem aufgezeichnet ist, darf als lebendiges Zeugnis des Glaubens über die Zeit von 2000 Jahren Christentum gelten. Wie Wächter im Glauben sind diese Heiligen in der neuen Kirche dargestellt, mit wachsamen und offenen Augen, in Gemeinschaft mit dem, von dem es in den Psalmen heißt: »Der Hüter Israels schläft und schlummert nicht« (Ps 121,4).

6. Die Ikonen der Theophanie

Die Heilige Schrift berichtet, wie in den Fenstern der neuen Kirche vom Heiligen Kreuz zu Jerusalem dargestellt, von der Gegenwart Gottes in seiner Schöpfung und wie er der Menschheit seit den Urvätern die Vertrautheit seiner Gegenwart gewährt. Dabei zeigte er, auf welche Weise er unter den Menschen wohnen, von ihnen verherrlicht und angebetet werden möchte. So »erblickte Israel in den Orten, an denen sich Gott geoffenbart hatte, die entscheidenden Punkte, von denen aus die ganze Schöpfung ihren Weg nahm und sich ausbreitete. So z. B. der Stein von Bethel und der Tempel von Jerusalem. [...] Diese Geschichte des Wohnens Gottes unter den Menschen, die einen der tiefsten Einblicke in die Absichten Gottes gewährt, geht in der Richtung auf ein bestimmtes Ziel, die größtmögliche Innerlichkeit. Ihre verschiedenen Stufen sind zugleich die Stufen dieser Verinnerlichung. Sie führen von den Dingen zu den Menschen, von vorübergehenden Gelegenheiten zu einer ständigen Gegenwart, von der bloßen handelnden Gegenwärtigkeit zum lebendigen Geschenk, zur innigen Mitteilung und zur ruhigen Freude einer Vereinigung. Ihr letztes Wort ist: 'Auf daß Gott sei Alles in Allem' (1 Kor 15,28). 'Der Herr, der allmächtige Gott, ist ihr Tempel' (Offb 21,22)«[115].

In den neun Ikonen an den Wänden im Raum der Gläubigen wird speziell jenes Thema aufgegriffen, für das grundsätzlich jeder Kirchenbau steht, nämlich als Ort der Theophanie Gottes in Schöpfung und Geschichte.

Der biblische Glaube ist kein Produkt einer mystischen inneren Erfahrung, er gründet seit den Anfängen Israels in einem Ereignis, das dem Menschen widerfährt. Jahwe offenbart sich nämlich dem Menschen so, daß er ihn »von außen« mit einem unbedingten Anspruch berührt. Ein solches »Widerfahrnis« ist vor allem die Menschwerdung des

---

[115] Y.M.-J. Congar, Das Mysterium des Tempels. Die Geschichte der Gegenwart Gottes von der Genesis bis zur Apokalypse, Salzburg o. J., 6.

Logos, der den Menschen aus seiner sündhaften Autonomie und Selbstgenügsamkeit herausholt und ihm den Weg zu seinem Vater eröffnet. Damit greift er in die Geschichte ein, nicht bloß, um den Menschen aus seiner Sündenverfallenheit zu erlösen, sondern um ihm sein göttliches Wesen zu offenbaren; er läßt ihn einen Blick in sein verborgenes Wesen tun, das selbst den Engeln unbekannt bleibt.

Dabei ist eine Korrektur in die gängige Theologie der Geschichte und Schöpfung einzubringen. Seit Tertullian bis zu Thomas von Aquin ist in der Theologie die Rede von den zwei Büchern der Offenbarung, und zwar vom *Buch der Natur* und vom *Buch der Heiligen Schrift*, doch seit der Neuzeit spricht man meist von nur noch einem einzigen Buch, nämlich dem der Heilsgeschichte. Darüber tritt der Schöpfungsgedanke in den Hintergrund, so daß er in der Theologie kaum noch relevant war, vornehmlich in der Eschatologie, die meist nur als Vollendung des Einzelnen bedacht wurde, ohne Ausblick auf die universale Vollendung der Schöpfung.[116]
Gott offenbart sich jedoch nicht nur in der Geschichte als heilsmächtig, sondern zunächst und vor allem in den Werken seiner Schöpfung. Deshalb hat der Mensch auch die Schöpfung wie ein Buch Gottes zu lesen[117] und sie als solche auf seinem Glaubensweg zu Gott mitzunehmen.[118]

---

116 Vgl. zum Folgenden K. Koch, Schöpfung als Sakrament. Christliche Schöpfungstheologie jenseits von Gottlosigkeit und Vergöttlichung der Welt, in: R. Liggenstorfer (Hg.), Schöpfung und Geschichte (FS Paul Mäder). Romanshorn 1991, 31-53.

117 M. Wehrli, Formen mittelalterlicher Erzählung. Aufsätze, Zürich 1969, 52; W. Rauch, Das Buch Gottes. Eine systematische Untersuchung des Buchbegriffes bei Bonaventura, München 1961; L. Scheffczyk, Von der Heilsmacht des Wortes. Grundzüge einer Theologie des Wortes, München 1966.

118 Vgl. E. Kobel, Untersuchungen zum gelebten Raum in der mittelhochdeutschen Dichtung. Zürich o. J. Er zeigt, daß sich die neue Welt- und Selbstschau erstmals nachweisen läßt in der deutschen Mystik, besonders bei Eckhart. Es bahnt sich ein Perspektivenwechsel an. Im Prozeß zunehmender Interiorisation aller Welt- und

Alle Theophanien, die uns die Heilige Schrift bezeugt, sind apophatischer Natur: Gott bleibt ja immer größer als alles, was der Mensch von ihm erkennt. Damit erweist sich die *Apophatik* als jene Grundhaltung, die ganz dem letzten (Nicht-)Erkennen Gottes entspricht. Selbst die Dogmen der Kirche behalten einen »negativen«, also apophatischen Sinn, wie auch die höchste Theophanie, also Gottes vollkommene Offenbarung in der Welt durch die Inkarnation des Wortes, apophatischen Charakter trägt.

Dennoch gilt ebenso: Viele Eigenschaften Gottes, die vielleicht als abstrakte Worte gelten könnten, nehmen in der Menschwerdung des eingeborenen Sohnes »Fleisch« an. In gleicher Weise bleibt der Erfahrungsweg im christlichen Glauben wesensmäßig vom Fleisch- und Wortcharakter der göttlichen Offenbarung bestimmt.[119] Darum gilt es, immer neu den Wegen der Theophanie Gottes in Schöpfung und Geschichte nachzugehen, damit sie sich in ihrem Sinn erschließen. Mit diesem Anliegen sind die neun Ikonen der großen Stationen der Heilsgeschichte zu betrachten.

Ichgehalte kommt es unter religiösen Vorzeichen zu einem umfassenden Wechsel der Perspektive. Alles ist nun auf die menschliche Persönlichkeit ausgerichtet: »Mit Eckhart setzt sich unter neuplatonischer Inspiration eine konsequent auf die menschliche Persönlichkeit gerichtete Zentralperspektive durch, deren ideologische Rechtfertigung dann erst in der Renaissance nachgeliefert wird. Die Ichreflexion der Renaissance stellt ja tatsächlich eine Art säkularisierter Form der Mystik dar, in der die dignitas des selbsterkennenden Ich auch theoretisch reflektiert wird« (A.M. Haas, Nim din selbes war. Studien zur Lehre von der Selbsterkenntnis bei Meister Eckhart, Johannes Tauler und Heinrich Seuse [= Dokimion 3], Fribourg 1971, 71f.).

119 Zwischen dem menschlichen Wort und dem Offenbarungswort steht, wie noch eigens darzulegen ist, das Bild, dem gegenüber dem Wort meist ein geringerer Wert zugesprochen wird, und jenes wird in seiner Bedeutung zugunsten einer rein geistigen Erfahrung eher heruntergespielt. Einen wesentlich anderen Weg schlägt hier die Theologie der Ikone ein; vgl. P. Florenskij, Die Ikonostase. Urbild und Grenzerlebnis im revolutionären Rußland, Stuttgart 1988; ders., Die umgekehrte Perspektive. München 1989.

Gottes Ruhe am siebenten Tag als der nie versiegende Segen über seine Schöpfung

Die erste der neun Ikonen trägt den Titel *»Das nichtschlafende Auge«*. In einer felsigen Landschaft mit Bäumen und Vögeln sehen wir den Logos in einem kostbaren Gewand bekleidet. Sein Antlitz ist jugendlich, ist er ja von Ewigkeit her, doch hat er sich auf einem Lager zur Ruhe gelegt, die Augen geöffnet haltend. Maria hält ihre Hand über sein Haupt, während sich der Erzengel Michael mit einem Kreuzstab in den Händen über seinen Herrn und Schöpfer beugt. In Rußland trägt diese Ikone auch den Titel »Der Hüter Israels schläft nicht« (vgl. Ps 121,4); denn der eingeborene Logos hat diese Welt erlöst, nämlich durch seinen Tod am Kreuz.

Die Ikone bietet dem Betrachter eine Zusammenschau der Heilsereignisse von der Schöpfung bis zur Neuschöpfung am Kreuz, an dem der Herr siegreich auferstand. Gott, der alles ins Dasein rief, erhält es am Leben; selbst die Macht des Todes zerbrach vor ihm, auf daß der Mensch für immer das Leben hat. Gleich jenem Löwen, der seine Augen im Schlaf offen hält und seine totgeborenen Jungen am dritten Tag zum Leben erweckt, verhält es sich mit Christus, der das Werk seiner Hände behütet und es nicht verläßt. Fürwahr läßt sich sagen, daß die »Ikone vom Nichtschlafenden Auge« ein Summarium der Schöpfungs- und Heilsgeschichte enthält.

Spätestens seit der Auseinandersetzung mit der Evolutionstheorie kam es zur Verengung der christlichen Protologie auf die Schöpfung im Anfang (creatio originalis) und auf den Aspekt des göttlichen »Schaffens«[120], während die Lehre vom göttlichen »Machen« bzw. die Lehre von der fortwährenden Schöpfung (creatio continua) kaum noch thematisiert wurde. Den Urbeginn von allem verstand man als eine fertige und vollkommene Schöpfung, die keiner weiteren Entfaltung und Evolution bedarf, wie schon das Wort »Schöpfung« mit seiner

---

[120] Vgl. hierzu J. Moltmann, Gott in der Schöpfung. München 1985, 281-298.

Endsilbe eher einen abgeschlossenen Prozeß des Schaffens am Anfang insinuiert; vom Menschen scheint dasselbe zu gelten: Als einmal geschaffenes und damit fertiges Wesen blieb er keiner weiteren Evolution unterworfen. Kurz gesagt, in der westlichen Schultheologie wurde das Verhältnis Gottes zu seiner Schöpfung teils einseitig auf die Frage der Kausalität beschränkt.

Anders die ursprüngliche Sicht der Schöpfung, wie sie bis heute in der orthodoxen Theologie lebendig ist. Für die Heilige Schrift ist weniger der kausale Begründungszusammenhang der Schöpfung entscheidend, als die *Einwohnung Gottes*, wie sie durch Sein Ausruhen in der Schöpfung zum Ausdruck kommt (Gen 2,3; Dtn 5,14f.). Der siebente Tag des vollendeten Schöpfungswerkes (Gen 2,2f.) ist zugleich der Tag der Offenbarung der Herrlichkeit Gottes am Sinai (Ex 24,16): »Erst vom Sinai her wird [...] erkennbar, was mit Gottes Schöpfungshandeln 'am Anfang' intendiert war, und d. h.: wozu Gott die Welt erschaffen hat: nämlich dazu, *Gemeinschaft mit dem Menschen/Israel* zu haben«[121]. Die Priesterschrift kennt zudem »eine dynamische, sich selbst übersteigende und auf ein ungeahntes Eschaton hinsteuernde Geschichte«[122], deren Ziel das »Wohnen« des Schöpfergottes inmitten seines Volkes ist. Wie ist diese universale Gegenwart Gottes in seiner Schöpfung bis zum Ende der Zeiten genauer zu verstehen?

Daß Gottes Einwohnung inmitten seiner Schöpfung und unter den Menschen das innere Geheimnis der Schöpfung ausmacht, läßt sich aus der Theologie des Sabbats näher erklären. Alle Dinge hat Gott im Dual geschaffen, lehrt eine alte jüdische Weisheit: Tag und Nacht, Himmel und Erde, Licht und Finsternis, Mann und Frau und anderes mehr, nur der Sabbat steht einsam da. Am Sabbat wird kein Lebewesen, sondern eine Zeit gesegnet: der siebente Tag (vgl. Ex 20,10f.). Er ist ein ungerader Tag, weil er auf das ganze »Sechstagewerk« bezogen

[121] Ebd.

[122] B. Janowski, Tempel und Schöpfung. Schöpfungstheologische Aspekte der priesterlichen Heiligtumskonzeption, in: JBTh 5 (1990) 37-69, hier 66.

ist. Die Segnung dieses siebenten Tages macht ihn zum Segen aller Schöpfungstage.[123] Aber der Sabbatsegen kommt aus keinem Tun Gottes, sondern seinem Da-Sein. Die Segnung des Sabbats unterscheidet sich von der Segnung der geschaffenen Lebewesen dadurch, daß Gott ihn durch seine Ruhe, statt durch eine Tätigkeit segnet: »Die Schöpfung kann als Gottes Werkoffenbarung angesehen werden, doch erst der Sabbat ist Gottes Selbstoffenbarung. [...] Der Sabbat ist kein Schöpfungstag, sondern der 'Tag des Herrn'.«[124] Alle Geschöpfe finden in der Ruhe Gottes ihren letzten Sinn, und in der ruhenden und darin unmittelbaren Präsenz Gottes erhalten sie ihren tragenden Grund und ihren Segen. Diesen Segen Gottes, der der ganzen Schöpfung gilt und allen Dingen in ihr Bestand gibt, erfährt Israel mit der Feier des »siebenten Tages« (vgl. Ex 20,10-11; Ex 31,13-18).

Eine solche Sicht der Schöpfung und des Sabbats hat Konsequenzen für die Stellung des Menschen im Kosmos. Die anthropozentrische Weltanschauung, nach der Himmel und Erde nur um des Menschen willen geschaffen sind und der Mensch »die Krone der Schöpfung« ist, wird von ihren Vertretern wie von ihren Kritikern als »biblische Tradition« ausgegeben. Sie ist aber - im dargelegten Sinn - unbiblisch, denn nach der jüdischen und christlichen Tradition hat Gott die Welt um seiner Herrlichkeit willen geschaffen.[125] Theologisch gesprochen,

---

[123] C. Westermann, Genesis. Biblischer Kommentar Altes Testament. Neukirchen 1974, 230ff.

[124] J. Moltmann, In der Geschichte des dreieinigen Gottes. Beiträge zur trinitarischen Theologie, München 1991, 283.

[125] »Eng verknüpft mit dieser Profanierung und Säkularisierung der Schöpfung zur bloßen Welt als Material für den materialistischen Menschen von heute ist eine weitere Hypothek der traditionellen Schöpfungstheologie. Diese liegt in ihrer vorschnellen und teilweise eingleisigen Konzentration auf den Menschen als die 'Krone der Schöpfung'. Denn die theologische Behauptung, daß die Welt nicht göttlich, sondern das 'Gegenüber' Gottes sei, wurde mit dem zweiten schöpfungstheologischen Spitzensatz verbunden, die Schöpfung habe ihren Grund in der Freiheit Gottes und sie sei unterfangen von seiner Liebe. Diese an sich richtige Kernaussage wurde jedoch sehr schnell auf den Menschen in dem Sinne kurzgeschlossen, der Mensch und er allein sei das eigentliche 'Gegenüber' Gottes, wo-

in Gott selbst liegt der Sinn des Menschen und aller Dinge. Zwar nimmt er in der Schöpfungsordnung eine Sonderstellung ein, steht aber zusammen mit allen irdischen und himmlischen Geschöpfen in einem gemeinsamen Lobpreis auf die göttliche Herrlichkeit. Der gesamte Kosmos ist nach Gregor von Nyssa »ein großartig aufgebauter Hymnus«[126], in dem die Himmel des Ewigen Ehre rühmen. Für diesen Lobgesang der Schöpfung, der den ewigen, unerschöpflichen Gott preist und darin seinen Segen erfährt, wurde der Mensch geschaffen. Der bleibende Sinn menschlichen Daseins liegt demnach in der Teilnahme am Lobgesang der Schöpfung auf die Herrlichkeit und Ehre des Schöpfergottes.

Weil Gott die Schöpfung mit seiner Ruhe in ihr segnet und sie mit seiner bleibenden Gegenwart heiligt, darf die Schöpfung als das »Ursakrament« gläubiger Existenz gelten. Hier fällt zum ersten Mal in den biblischen Traditionen das Wort »heiligen«; es heißt soviel wie: »auserwählen, für sich ausgrenzen, zu seinem Eigentum und als unantastbar erklären«. Bezeichnenderweise wird dieses Wort nicht auf ein Geschöpf oder einen Schöpfungsraum angewendet, sondern auf eine Zeit, den siebten Tag, der allen Geschöpfen zugute kommt und somit universal ist. Universal aber im endzeitlichen Sinn: »Der Sabbat öffnet die Schöpfung für ihre wahre Zukunft, am Sabbat wird die Erlösung der Welt vorweggefeiert. So versteht der Hebräerbrief die Sabbatruhe Gottes als Vorausbild für das 'Kommen zu Seiner Ruhe': 'Es ist noch eine Ruhe vorhanden dem Volke Gottes, denn wer zu seiner Ruhe kommt, der ruht auch von seinen Werken gleichwie Gott von seinen' (Hebr 4,9-10). Der Sabbat ist die Gegenwart der Ewigkeit

mit die ganze Schöpfungstheologie anthropozentrisch enggeführt wurde. Und diese Entwicklung hat schließlich zu einer weitgehenden 'Schöpfungsvergessenheit von Theologie und Kirche' beigetragen« (K. Koch, Schöpfung als Sakrament, 33-35).

126 Gregor von Nyssa, In psalmos, III (PG 44,441B).

in der Zeit und ein Vorgeschmack der kommenden Welt.«[127] Wenn am Ende der Zeiten »alle Lande seiner Ehre voll sind« (Jes 6,3) und Gott »alles in allem« ist (1 Kor 15,28), da er nun für immer seiner ganzen Schöpfung »einwohnt« (Offb 21,3), dann sind Schöpfung und Offenbarung tatsächlich eins. Gott wird fortan in seiner ganzen Schöpfung offenbar sein und in ihr seine Herrlichkeit aufleuchten lassen. Dies ist die vollendete Welt.

Jene Endzeit bricht mit der Menschwerdung und Auferstehung Christi an, so daß jetzt schon etwas von dem ewigen »Sabbatfest« des Kosmos sichtbar wird. Dies bringt die altkirchliche Bezeichnung des christlichen Auferstehungsfestes als des »achten Tages« zum Ausdruck. Der christliche Sonntag verweist auf den Sabbat Israels, öffnet jedoch zugleich den Ausblick auf jenen - jede Zählung übersteigenden - Tag der neuen Schöpfung, der nach christlicher Auffassung mit der Auferweckung Christi von den Toten beginnt. Läßt der Sabbat Israels auf die Schöpfungswerke Gottes und die eigene Wochenarbeit der Menschen zurückschauen, blickt das christliche Fest der Auferstehung nach vorn in die Zukunft der neuen Schöpfung; und während Israel in der Feier des Sabbats Anteil erhält an der Ruhe Gottes, läßt das christliche Auferstehungsfest an der Neuschöpfung der Welt teilnehmen. Deshalb zählt die Kirche den achten Tag des christlichen Auferstehungsfestes zugleich als den »ersten Tag« der Woche. Jede Woche beginnt mit der Vision einer neuen Schöpfung und der wachen Hoffnung auf das ewige Leben.

In diesem Sinne stellt die erste Ikone in der Reihe der Theophanien fürwahr die große Verheißung Gottes für seine Schöpfung dar, der sein Werk nicht verläßt, sondern gegenwärtig bleibt »in allen Dingen«, bis zum Ende der Tage, da er alles in seinem Sohn zusammenfassen wird, auf daß dieser alles in allem ist.

---

[127] J. Moltmann, In der Geschichte des dreieinigen Gottes, 279.

Der Traum Jakobs von der Himmelsleiter und sein Kampf mit dem Boten Gottes

Eine weitere Ikone zeigt zwei Begebenheiten aus dem Leben des Patriarchen Jakob. Auf der Flucht vor Esau widerfuhr Jakob folgendes: »Da hatte Jakob einen Traum: Er sah eine Leiter, die auf der Erde stand und bis zum Himmel reichte. Auf ihr stiegen Engel Gottes auf und nieder« (Gen 28,12). Jahwe gibt ihm das Land und verheißt zahlreiche Nachkommen. Jakob salbte den Stein, der seinen Kopf stützte zu jener Stunde des Traumes, als Gott ihm begegnete, mit heiligem Öl und gab dem Ort den Namen Bet-El, »Haus des Gottes El« (Gen 28,19). Die Leiter, welche Jakob im Traum schaute, wurde von christlichen Theologen als Symbol der Muttergottes verstanden, denn der Menschensohn stieg hernieder und nahm in der Gottesgebärerin Fleisch an. Das Motiv der Jakobsleiter finden wir in der Dornbuschikone wieder.

Nach 20jähriger Knechtschaft bei Laban fordert der Engel Gottes sodann Jakob im Traum auf, in seine Heimat zurückzukehren (Gen 31, 11). Auf dem Weg nach Kanaan rang er in der Nacht »mit einem, bis die Morgenröte aufstieg«, und der ihm das Hüftgelenk verrenkt, ein Engel, der Jakob segnet: »Nicht mehr Jakob wird man dich nennen, sondern Israel (Gottesstreiter); denn mit Gott und Menschen hast du gestritten und hast gewonnen« (Gen 32,29).

Wie der Stein, auf dem Jakob schlief und im Traum die Engel auf- und niedersteigen sah, für ihn zu einem Garanten der Anwesenheit Gottes wurde (vgl. Gen 28,20ff.), dürfen wir gleiches vom Altar sagen: Wir salben ihn mit heiligem Öl, erfahren wir doch an ihm täglich neu die heilspendende Wirkmächtigkeit Gottes. Nach Aussage der Kirchenväter dürfen die Christen sogar sich selbst als lebendige Altarsteine in der Kirche ansehen, denn alle, die eines Herzens und mit einer Stimme und in einem Geist beten, sind würdig, einen Altar zu errichten, auf dem Jesus das Opfer darbringt; daß dem so sein möge, erbitten wir in jeder Eucharistiefeier.

Keiner, der Gott schaut, wird am Leben bleiben (Ex 33,20). Deshalb berichtet die Heilige Schrift immer wieder vom Erschrecken des Menschen in der Begegnung mit Gott: »Wehe mir, ich bin verloren«, ruft der Prophet Jesaja während seiner Berufungsvision aus (Jes 6,5), und der Hebräerbrief bezeugt: »Schrecklich ist es, in die Hände des lebendigen Gottes zu fallen« (Hebr 10,31).

Die vielleicht älteste uns bekannte Ikone der Gottesmutter vom brennenden Dornbusch stammt aus dem Ende des 12. Jahrhunderts und befindet sich heute im Thronsaal des Griechisch-Orthodoxen Patriarchats von Jerusalem. Die Ikone bezieht sich auf jenes Geschehen, da Mose beim Hüten der Schafe plötzlich den Dornbusch schaut, wie dieser brennt, ohne zu verbrennen. Im dritten Kapitel des Buches Exodus (vgl. Vv. 2f.) heißt es: Mose hütete am Berg Horeb die Schafe seines Schwiegervaters Jetro. »Da erschien ihm ein Engel Jahwes in einer Feuerflamme, mitten aus einem Dornbusch heraus [...] Der Dornbusch brannte im Feuer, wurde aber nicht verzehrt.« Als Mose zum Dornbusch herantrat, rief Jahwe ihm zu: »'Tritt nicht näher heran! Zieh deine Schuhe von deinen Füßen, denn der Ort, auf dem du stehst, ist heiliger Boden!' Mose verhüllte sein Angesicht, denn er fürchtete sich, Gott anzuschauen.«

Für die bildliche Darstellung des brennenden Dornbuschs gibt der Malermönch Dionysios von Phournä/Agrapha im Musterbuch der byzantinischen Malkunst folgende Anweisung (Art. 119): »Mose löst seine Fußbedeckung ab; um ihn sind Schafe und vor ihm ein brennender Dornbusch, und in demselben ist auf der Anhöhe die heilige Jungfrau mit dem Kind; und an ihrer Seite ist ein Engel, der auf Mose schaut. Auf der anderen Seite des Gesträuchs steht wieder Mose und hält die eine Hand ausgestreckt und mit der anderen trägt er den Stab.« So zeigt ihn die Ikone als Mann mittleren Alters, der seine Schuhe auszieht und dabei in verehrender Haltung zugleich das Knie beugt.

Doch die Ikone bildet die Begegnung des Mose gleich zweimal ab, und zwar wie er schauend die Schuhriemen löst (links unten) und zugleich freudig erschrocken mit erhobenen Händen auf die Erscheinung der Gottesgebärerin im Feuerbusch blickt (rechts oben). Die griechische Inschrift der Ikone im Jerusalemer Patriarchat lautet: »Ich will hinübergehen und diese Erscheinung ansehen (warum der Dornbusch nicht verbrennt)« (Ex 3,3). Über dem lodernden Dornbusch zeigt sich die segnende Hand Jahwes, daneben stehen die Buchstaben Alpha und Omega. Maria wird thronend dargestellt. Ihr Thron ist der Feuerbusch, der die Gottesmutter mit dem Kind umschließt. Vor ihrer Brust schwebend das feuerrote Christus-Medaillon, auf das ihre rechte Hand weist; einzig der Kopf des Kindes ist zu sehen.
Die Kirchenväter des Ostens, vor allem die Griechen und Syrer, deuten die Theophanie in der Sinaiwüste als Vorausbild für das Kommen des Menschensohnes und bringen das Wunder vom Dornbusch unmittelbar mit der unversehrten Jungfräulichkeit Mariens in Verbindung. Ephräm der Syrer beschreibt Maria als jene, »die Gott einst dem Mose auf dem Berg Horeb unter dem Bild des Dornbuschs im voraus gezeigt hat«, und Rabbula von Edessa singt in einem seiner liturgischen Hymnen: »Auf dem Berg Horeb sah dich der staunenswerte Prophet Mose, heilige Jungfrau, als das Feuer im Dornbusch loderte, ohne daß dieser verbrannt wurde.« Nicht anders heißt es im östlichen Stundengebet am Samstag der fünften Fastenwoche: »Mose erkannte im Dornbusch das große Mysterium Deines Gebärens.«
Gleich dem Dornbusch, der brennt, aber nicht verbrennt, bleibt Maria in ihrer Mutterschaft unversehrt, denn wie der Dornbusch nimmt sie das Feuer der Gottheit in sich auf und verbrennt doch nicht. Ob wir noch das Staunen darüber erfassen, wie es sein kann, daß Gottes Sohn in einem Menschen geboren wird? In einer Ansprache Gregors des Wundertäters am Fest der Verkündigung kommt es zu einem weitausholenden Gespräch zwischen Gott und Gabriel, der verwundert fragt, wie die ihm aufgetragene Botschaft Wirklichkeit werden könne: »Wie sollte Maria denn das göttliche Feuer tragen können? Dein Thron

erstrahlt im Glanz, von Flammen umgeben, und die Jungfrau wird Dich tragen, ohne zu verbrennen?« Gott antwortet auf diesen Einwand mit dem Hinweis auf Mose: »Ja, wenn das Feuer in der Wüste den Dornbusch versehrte, dann verletzt allerdings meine Ankunft auch Maria. Aber wenn jenes Feuer, das die Ankunft meines göttlichen Feuers aus dem Himmel bezeichnete, den Dornbusch benetzte, nicht verbrannte: Was würdest du denn von der gleichen Wirklichkeit sagen, die nicht in Feuerflammen, sondern in der Gestalt des Regens herabkommt?«

Ephräms Hymnus auf die Geburt des Erlösers (I) preist die Hoffnung des Alten Bundes als erfüllt:

> *Mose wünschte die Herrlichkeit Gottes zu sehen, vermochte ihn aber nicht so zu sehen, wie er wünschte. Er mag heute kommen und ihn sehen, denn er liegt in einer Krippe in Windeln. Damals wagte es kein Mensch zu hoffen, er könne Gott sehen und am Leben bleiben; heute sind alle, die ihn gesehen haben, vom zweiten Tod zum Leben erstanden.* [...] *Gott rief im Dornstrauch mit lauter Stimme Mose zu, seine Schuhe von den Füßen zu lösen; der Stern lud die Magier schweigend ein, zu dem heiligen Ort zu kommen. Mose konnte Gott nicht sehen, wie er ist; die Magier jedoch traten ein und sahen den menschgewordenen Gott.* [...] *Wer sollte nicht gern dem Wunder lauschen, daß Gott sich herabließ, geboren zu werden?*

Aufgrund der Erfüllung des alttestamentlichen Bildes wendet sich Ephräm in seiner 5. Hymne auf den Geburtstag des Herrn an die Christen, damit sie aus dem neuen Quell das Leben in Fülle schöpfen:

> *Weil der Gütige sah, daß arm und niedrig das Menschengeschlecht sei, schuf er die Feste als Schatzhäuser und öffnete sie für die Trägen, damit das Fest antreibe den Trägen, aufzustehen und sich zu bereichern.*

Siehe, sein Fest hat wie ein Schatzhaus der Erstgeborene uns aufgetan. (Dieser) eine Tag, der volle, im Jahr, nur (er) öffnet dieses Schatzhaus. Kommt, regen wir uns, bereichern wir uns daraus, bevor man es schließt!
Selig die Wachenden, denn sie raubten daraus Lebensbeute. Große Schmach ist es: Jemand sieht seinen Genossen, wie er schleppt und Schätze herausträgt, und er selber, inmitten der Schätze sitzt er schlafend, um leer auszugehen. An diesem Fest bekränze jeder die Tür seines Herzens! Es möge nach seiner Tür sich sehnen - der Heilige Geist! Er möge eintreten und wohnen und darin Heiligkeit spenden. Denn siehe, er geht umher an allen Türen, (schauend) wo er wohnen könne.[128]

Nicht anders bekennt ein Troparion an Weihnachten voller Freude:

Das Volk, das stolz ist auf Christus, hat seine Sehnsucht gestillt und die Ankunft Gottes erfahren. Nun ist es getröstet durch die Wiedergeburt, denn du, o Jungfrau, verleihst die lebenspendende Gnade, die Herrlichkeit des Herrn anzubeten.

»Stolz zu sein auf Christus« erfüllt sich im Lobpreis der Liturgie, den wir in diesem neuen Kirchenraum anstimmen; hier bekommen wir das Feuer göttlichen Lebens gereicht, das alles mit sich verwandelt.

Die Offenbarung Gottes in der feurigen Himmelfahrt des Propheten Elija

Im Leben und Handeln des Propheten Elija, der im 9. Jahrhundert vor Christus lebte und dessen Namen »Mein Gott ist Jahwe« bedeutet, leuchtet das geschichtsmächtige Wirken des sich offenbarenden Got-

[128] Ephräm der Syrer, Hymne auf den Geburtstag des Herrn. De nativitate, V, 7-10.

tes auf. Er war ein strenger und entschiedener Kämpfer gegen die alten Kulte, besonders den Baals-Kult des Regens und der Fruchtbarkeit, und verhalf bei einer Machtprobe mit den falschen Propheten dem Glauben an den wahren Gott zu einem leuchtenden Sieg. Als er dem König Ahab eine Dürre androhte, mußte er fliehen, »weil das Wort des Herrn an ihn erging«, und schließlich floh er »weit in die Wüste hinein«. Dort wünschte er sich den Tod. Zweimal erschien ihm ein Engel, der ihn anrührte und sprach: »Steh auf und iß!« (vgl. 1 Kön 19,5-7). Er brach nun zum Gottesberg Horeb auf, wo das Wort des Herrn in einem »sanften Säuseln« an ihn erging und er selbst die Worte sprach, die sich auf zahlreichen Ikonen wiederfinden: »Mit leidenschaftlichem Eifer bin ich für den Herrn, den Gott der Heere, eingetreten« (1 Kön 19,10). Sodann wurde Elia beauftragt, drei Männer für den Dienst Jahwes zu salben, darunter seinen Nachfolger Elischa. Erneut machte er sich auf den Weg, wie der Engel es ihm geheißen hatte, um König Ahasja, dem Nachfolger Ahabs, seinen baldigen Tod anzukündigen (2 Kön 1,3).

Auf der Ikone sehen wir, wie Elia vor den Augen seines Nachfolgers Elischa im Sturmwind auf einem feurigen Wagen mit feurigen Rossen in den Himmel entrückt wird. Da sein Tod nicht eigens erwähnt wird, kam es zu dem Glauben, er sei lebend in den Himmel aufgenommen worden. Der Prophet Maleachi kündigt daraufhin die Wiederkunft Elias' als Wegbereiter des Messias an (vgl. Mal 3,23f.), der ganz Israel zur Umkehr und zur Versöhnung bewegen wird. Die jüdische Tradition bezeugt den Propheten Elija, da er nicht gestorben ist, sondern entrückt wurde, bis heute als den großen Mittler zwischen Gott und den Menschen, der einst dem Messias vorausgehen wird.

Wir sehen auf der Ikone die feurige Himmelfahrt des Propheten so dargestellt, daß das Rot der Feuerwolke sich im Rot des göttlichen Himmelssegmentes wiederfindet: Der Prophet hat schon das Irdische hinter sich gelassen und wird im Sturmwind von der Erde entrückt. Elischa, der Jünger des Propheten, steht am Jordan, vollkommen eingehüllt in den Mantel seines Lehrers; nun wird er wieder zu den Is-

raeliten zurückkehren, nun aber in sein Prophetenamt eingesetzt. Auf manchen Ikonen wird angezeigt, wie der Prophet selbst seinem Schüler den Mantel aus der himmlischen Aura übergibt.
Diese Begebenheit aus den Theophanien Gottes steht in engem Zusammenhang mit dem Priesterseminar an der Hochschule Sankt Georgen, wo Seminaristen für ihren künftigen Beruf ausgebildet werden. Sie mögen entscheidende Hilfen in der Formung gerade durch solche Zeugen erfahren, die ihnen - wie Elia - etwas von ihrem eigenen Charisma weitergeben und sie so für ihren künftigen Dienst ausrüsten.

Der Besuch bei Abraham und Sara als Vorausbild der Offenbarung des dreieinen Gottes

Drei dogmatische Themen haben die Ostkirche auf besondere Weise theologisch herausgefordert und führten zu heftigen Auseinandersetzungen, nämlich die Lehre von der Natur Christi, das Mysterium der Dreieinigkeit und die Frage der Rechtmäßigkeit der Bilderverehrung. Alle drei Themen hängen innerlich zusammen: Gemäß der alttestamentlichen Tradition enthielt sich das frühe Christentum einer Darstellung Gottes. Dennoch kam es schon bald zu einer Abbildung Christi, teils gerechtfertigt mit dem Hinweis auf dessen übernatürlichen Ursprung; zudem hatte Jesus selbst seinen Jüngern gesagt, daß sie auf seinem Antlitz ein Abbild seines Vaters erkennen dürfen. Die Darstellung des Heiligen Geistes in der Gestalt der Taube oder der Feuerzungen wiederum war durch die Heilige Schrift legitimiert. Dennoch scheute man sich bis ins Mittelalter hinein, die Dreieinigkeit in eine bildhafte Abbildung zu holen; lieber verstand man die drei Männer, die Abraham und Sarah in der Oase Mamre besuchten und ihnen einen Sohn verhießen (Gen 18,1-15), als sichtbaren Typos des dreieinen Gottes. In Rußland erklärte die Stoglav-Synode von 1551 die Ikone der drei Engel zur einzig erlaubten Darstellung der drei göttlichen Personen und als Vorbild hierfür die Ikone Rubljovs aus dem Drei-

einigkeits-Kloster in Sergeij Possad, die sich heute in der Tretjakov-Galerie der Stadt Moskau befindet.
Für die orthodoxe Kirche steht das Bekenntnis zum dreieinen Gott und zur Gottheit des Menschensohnes im Zentrum des Glaubenslebens. Ja, daß sich Gott als der Dreieine geoffenbart hat, gilt als das Mysterium des Glaubens schlechthin. Auf unübertroffene Weise wurde es dargestellt von Andrej Rublov in seiner Dreifaltigkeitsikone, von der wir in der neuen Kirche vom Heiligen Kreuz zu Jerusalem eine Nachbildung in Originalgröße finden, wiederum von Herrn Oleg Kuzenko angefertigt. Sie bezieht sich auf Gen 18, wo vom Besuch der drei Männer bzw. Engel im Hain von Mamre die Rede ist. Andrej Rublov löst seine Darstellung aus dem gegebenen Kontext, indem er Abraham und Sara nicht mehr darstellt und einzig die drei Männer bzw. Engel anführt. Auf der Ikone bilden sie einen Kreisbogen, der ihre innergöttliche Zuwendung zum Ausdruck bringt. Da wir nicht wissen, auf welches Malerbuch sich Andrej Rublov beruft, können wir die drei Personen nicht eigens identifizieren, aber vermutlich ist in der mittleren Gestalt der Sohn dargestellt, ihm zur Rechten der Heilige Geist und gegenüber Gott Vater. Die drei Engel sitzen um einen Altartisch, auf dem ein kelchartiges Gefäß steht, in dem der Kopf eines geschlachteten Kalbes zu sehen ist.
Was an Pfingsten zutage tritt, daß nämlich der Heilige Geist die Menschen in dem einen Glauben eint, hat seinen Urgrund im innertrinitarischen Austausch der göttlichen Personen. Der Heilige Geist ist die - personale - Einheit in der Trinität. Er nimmt nicht nur als Medium, sondern als Person am innertrinitarischen Gespräch teil: Vater und Sohn wiederum beziehen sich auf den Heiligen Geist als ihr gemeinsames Du, wie sich auch der Sohn mit dem Geist zum Vater und der Vater im Heiligen Geist zum Sohn hin öffnet. Keiner der drei ist in diesem Gespräch Mittel, jeder bleibt wahrhaft Mittler und Ziel zugleich. So kann der Sohn etwas, was der Vater nicht kann, wie auch der Heilige Geist ihnen gegenüber das ihm Eigene wirkt, was den anderen so nicht zu eigen ist. Dies zeigt sich in der Geschichte der

Offenbarung überdeutlich: Wie nur der Vater die »Stunde« des Sohnes kennt, der Sohn wiederum den Vater offenbart und verherrlicht, so vermag erst der Heilige Geist die Menschen in die volle Wahrheit einzuführen. Auf der Ikone vom Besuch der drei Männer bei Abraham und Sarah schauen wir ein alttestamentliches Vorausbild der Offenbarung des dreieinen Gottes im Neuen Bund.

Die Offenbarung des dreieinen Gottes in der Erniedrigung seines Knechtes

Papst Johannes Paul II. († 2005) hat mit der Einführung des »lichtreichen Rosenkranzes« (vgl. Joh 1,5; 8,12) die Mysterien des Lebens Jesu um fünf ergänzt, die sich alle auf die öffentlichen Jahre seiner Wirksamkeit beziehen: die Taufe Jesu, die Hochzeit zu Kana, die Verkündigung des Gottesreiches, die Verklärung Jesu und die Einsetzung der Eucharistie.

Alle Synoptiker berichten die Taufe Jesu (Mk 1,9-11; Mt 3,13-17; Lk 3,21f.), während das Johannesevangelium nur das Zeugnis des Täufers überliefert (Joh 1,29-34). In Apg 1,22 und 10,38 ist die Taufe Jesu schon fest in der kirchlichen Verkündigung verankert. Lukas betont nach der Geburt des Erlösers eine längere Zeit des Schweigens, nämlich nach dem vom zwölfjährigen Jesus im Tempel Berichteten (Lk 2, 41-52) bis zu seinem ersten öffentlichen Auftreten mit dreißig Jahren (Lk 3,23). Markus stellt die Taufe weniger als eine Inthronisation des davidischen Königssohnes oder des königlichen Messias dar (vgl. Ps 2,7), sondern als Deklaration dessen, wer Jesus ist, nämlich der »geliebte Sohn«, an dem der Vater sein »Wohlgefallen hat«, was mit Bezug auf Jes 42,1 über den Knecht Gottes gesagt wird. Kein davidischer Messias wird in solcher Nähe zum Vater gesehen (vgl. Ps 2,7); er aber ist der geliebte Sohn des Vaters, auf den die Menschen hören sollen (vgl. Mk 9,7).

Lukas sagt nicht, daß der Heilige Geist »in Gestalt einer Taube« herabkam; sein Kommen geschieht vielmehr in einer wahrnehmbaren Weise »einer Taube gleich«. Der Evangelist betont, daß Jesus nach der Taufe betet, wie Lukas auch sonst immer wieder die Herabkunft des Heiligen Geistes auf Betende darstellt (Lk 11,3; Apg 4,31; 8,15ff.; 13, 2f.): Jesu Beten erweist ihn als »Sohn Gottes«. Schon bei seiner Taufe wird erkennbar, daß Jesus nicht erst mit der Auferstehung der geistgesalbte messianische Sohn wird, wie auch die Taufe nicht erst Jesu Sohnesbewußtsein erwirkt. Zugleich findet sich ein ekklesiologischer Hinweis: Die Geistbegabung erfolgt nach der Taufe (Lk 3,21f.), wie auch urkirchlich Taufe und Handauflegung aufeinander folgen; sie ist Frucht des Gebetes Jesu, doch ebenso dem Gebet der Kirche verheißen (vgl. Apg 8,15ff.).
Cyrill von Jerusalem hebt nämlich in seinen Taufkatechesen, die er in der Grabeskirche von Jerusalem hielt, hervor, daß die Taufe Jesu im Jordan nicht um des Herrn, sondern um der Ekklesia willen geschah: Christus wollte die Gewässer heiligen, um seiner Kirche durch das Sakrament der Taufe im Wasser Unverweslichkeit zu schenken. Auch die syrischen Väter betonen die innere Einheit von Taufvermählung im Jordan und sakramentalem Taufgeschehen: In der Taufe des Herrn wird die Kirche ihrem göttlichen Bräutigam vermählt und für das himmlische Hochzeitsmahl bereitet. Das neue Leben der Taufe findet der Mensch nicht aus sich und für sich allein, sondern durch die Kirche. So betrachten die frühkirchlichen Aussagen über die Taufe Christi zugleich die Kirche, welche die wahre »Mutter« der Gläubigen ist. In der Liturgie wird der Taufbrunnen als »Mutterschoß« der Kinder Gottes und der kommenden neuen Welt bezeichnet.[129] In der byzanti-

[129] »In der Osternacht wird das heilige Pneuma herabgerufen, um den Mutterschoß der Kirche zu befruchten mit göttlichem Samen. Aus dem Mutterschoß entsteht das neue Geschlecht der Wiedergeborenen, die eschatologische Gemeinde. Die Virgo-Mater ist das eschatologische Zeichen der kommenden Welt, der neue Äon. Jungfräulichkeit ist im biblisch-liturgischen Sinn die Verwirklichung der eschatologischen Existenz«, die im sakramentalen Leben ergriffen wird. Vgl. J. Tyciak,

nischen Liturgie ist es bis heute Brauch, daß man an Epiphanie in - einer feierlichen Prozession zu den Flüssen geht und eine Wasserweihe vollzieht, wodurch die Elemente der Erde in das Geheimnis des menschgewordenen Gottessohnes gestellt werden. Nicht anders verhält es sich auch bei der römischen Liturgie in der Prim der Weihnachtsvigil, in der es heißt, daß die Ankunft des Göttlichen Lichtes die ganze Welt konsekrierte.

Da Jesus in das Wasser stieg, nicht um sich zu heiligen, sondern um die Gewässer, welche die verschiedenen Völker miteinander verbinden, zu weihen und um seiner Kirche »Unverweslichkeit zuzuwehen« (Cyrill von Jerusalem), singt man in der byzantinischen Liturgie während der Prozession zum Fluß:

> *Die Stimme des Herrn ertönt über den Wassern, sie ruft: Kommt, empfangt den Geist der Erkenntnis, den Geist der Ehrfurcht von dem Herrn der Theophanie. Heute wird die Natur der Wasser geweiht, es bricht auf das Strömen des Jordan und hält voller Staunen sein Wallen zurück, da es schaut den Gebieter des Alls.*

Die Weihe der Flüsse wird zur Tauferneuerung der Gemeinde: Wie sich bei der Taufe Jesu der Himmel öffnete, die Stimme des Vaters erscholl und der Geist in der Gestalt einer Taube herabkam, so weiß sich die Gemeinde durch Christus erleuchtet. An Theophanie heißt es:

> *Als im Jordan du wurdest, Herr, getauft, da wurde geoffenbart die Anbetung der Dreiheit. Des Vaters Stimme legte Zeugnis für dich ab, da sie dich nannte den geliebten Sohn, und der Geist in Gestalt einer Taube bekräftigte die Gewißheit des Wortes. Erschienen bist du, Christus Gott, und hast die Welt erleuchtet. Ehre sei dir.*

Theologie der Anbetung. Trier 1976, 149.

Die lateinische Hodie-Antiphon des Benediktus-Gesanges von Epiphanie preist das Mysterium der göttlichen Heilstaten im Hinblick auf seine sakramentale Vergegenwärtigung in der Liturgie. Die drei Festgeheimnisse (tria mysteria) von Epiphanie, also die Taufe Jesu im Jordan, die königliche Hochzeitsprozession der Magier und die Hochzeitsmahlfeier von Kana, umschreiben je einen Aspekt dieses Hochzeitsfestes des göttlichen Herrn mit seiner Kirche, der Ekklesia, die in den Sakramenten der Taufe und Eucharistie die Erneuerung der großen Vermählung von Inkarnation, Erlösung und Auferstehung des Herrn erfährt.
Was in den drei Geheimnissen von Epiphanie ausgesagt ist, wird in der byzantinischen Liturgie weiter entfaltet und im einzelnen ausgeführt. *Gregor von Nazianz*, den man den »Theologen« nennt, sagt vom »Tag der Lichter«:

> *Deshalb höret die göttliche Stimme, die so gewaltig mir ertönt, mir, dem Mysten und Mystagogen - wollte sie auch euch so tönen: 'Ich bin das Licht der Welt' (Joh 8,12), und deshalb: 'Tretet zu Ihm: dann werdet ihr Licht, und euer Antlitz wird nicht zuschanden' (Ps 33,61), bezeichnet mit dem wahrhaftigen Licht. Stunde des Wiedergeborenwerdens. Unsere Geburt aus der Höhe. Stunde des Wiedergebildetwerdens; den ersten Adam, auf, ziehen wir an. Bleiben wir das nicht, was wir waren. Was wir waren, werden wir wieder. Das Licht erstrahlt in der Finsternis, in diesem Leben, in diesem Fleische. Es wird verfolgt von der Finsternis, aber nicht von ihr ergriffen.* [...]. *Auf daß wir von uns werfen das Dunkel, dem Licht uns nahen, vollkommenes Licht dann selber werden. Gebilde wie vollkommenes Licht. Seht ihr die Gnade des Tages, seht ihr die Macht des Mysteriums? Seid ihr nicht von der Erde erhoben? Seid ihr nicht in den Himmel versetzt...?*[130]

---

[130] Gregor von Nazianz, Auf den Tag der Lichter II, in: ders., Macht des Mysteriums.

Die östliche Liturgie begeht Epiphanie als Tauffest, und zwar als das Fest der Lichter (»τὰ φῶτα«) und der Taufe (»φωτισμός«), während für die abendländische Liturgie immer Ostern als das Tauffest gilt - eingefaßt in den paulinischen Gedanken des Mit-Christus-Geboren- und Mit-Christus-Auferstanden-Seins. Epiphanie und Ostern feiern - somit das eine Erlösungswerk: Epiphanie unter dem johanneischen Akzent der Geburt aus Gott, deren Ursprung die Ankunft des Logos im Fleisch ist, und Ostern unter dem Aspekt des Übergangs mit Christus in die neue Welt der Verklärung.
Wie Pfingsten das Hochfest der Anastasis ist, so gilt im Osten das Fest der Theophanie als Höhepunkt der Weihnachtszeit:

Du erscheinst epiphanisch auf der Welt,
und dein Licht, o Herr, ward über uns gezeichnet,
die wir als Erleuchtete Dir lobsingen.
Du bist da -
bist erschienen,
das unnahbare Licht.[131]

Durch die Taufe Jesu ist der Welt neues Leben geschenkt, in seinem Licht ist sie neu geboren. Deshalb bedenkt die Gemeinde in der Litia:

Der sich mit Licht umkleidet wie mit einem Gewand, wurde wie wir. Er hüllte sich in Jordansfluten, indem er uns bereitete, wiedergeboren zu werden. O Wunder!

Die Taufe des Herrn im Jordan ist eines der ältesten neutestamentlichen Themen in der Kunst. Die Grundlagen der Bildgestaltung lassen sich schon im dritten Jahrhundert nachweisen, und zwar auf weströ-

---

Sechs geistliche Reden an den Hochtagen der Kirche. Eingel. und übers. von Th. Michels, Düsseldorf 1956, 37f.

[131] Kondakion zum Orthros.

mischen Denkmälern aus dieser Zeit, nicht jedoch auf oströmischen. Die Taufszene wird - wie das Bild der Speisung - als ein Zeichen der Erfüllung alttestamentlicher Verheißung im rettenden Sakrament der Kirche dargestellt. Die kerygmatisch-liturgisch ausgerichtete Abbildung des Taufgeschehens verzichtet auf eine berichtgetreue Wiedergabe der biblischen Taufe Christi im Jordan, auch fehlt die detaillierte Wiedergabe des kirchlichen Taufvollzuges.

Die klassische Bilddarstellung findet sich besonders häufig in Psalterillustrationen: Man sieht den Täufling als Erwachsenen mit der Physiognomie des Christus-Pantokrators und den Taufffluß, der zwischen zwei schmalen Felsen auf engem Raum aufgestaut erscheint. Manchmal wird auf die Darstellung des Täufers ganz verzichtet, indem sich alles auf die Grundaussage der Taufe reduziert, daß nämlich der Christ in Christus vom Tod zum Leben hinübergegangen ist. Die bildhafte Darstellung der Taufe Jesu enthält in ihren Einzelheiten eine ganze Theologie des Geschehens.

Der Täufer ist durchwegs mit Tunika und einem mantelartigen Überwurf bekleidet, der seine Arme wie mit halblangen oder langen Ärmeln umschließt. Häufig ruht die linke Hand bzw. der ganze Unterarm auf dem Oberschenkel seines hochgestützten Beines. Ein langer Vollbart, wallendes Haupthaar und ein faltenreiches Philosophengewand mit einem schwingenden Zipfel über dem Arm setzen den Wüstenprediger Johannes mit dem asketischen kynischen Volksprediger gleich. Der Täufer, dessen prophetische Würde durch den Philosophenmantel gekennzeichnet ist, beugt sich zum Täufling und legt ihm seine Hand auf das Haupt. Jener steht, wie es bis zum 6. Jahrhundert in den Darstellungen der Taufe Christi ohne Ausnahme zu sehen ist, als unbekleideter junger Mann im Wasser. Dieser Typus der Taufdarstellung hält sich in der Ostkirche bis heute.

Jedes Kompositionsdetail der Taufszene wird bildtheologisch ausgedeutet, auch die Nacktheit des göttlichen Täuflings. Sie ist das Zeichen seiner Selbstentäußerung in der Menschwerdung: Seinen Leib entkleidend, bekleidet er die Nacktheit Adams und durch ihn das Menschengeschlecht mit neuem, göttlichem Leben. Der alte Adam erkannte seine Nacktheit erst nach seiner Sünde (Gen 3,7-11), Christus hingegen, der selber ohne Sünde war, offenbart sich am Kreuz als der neue Adam, der den Menschen mit seiner ursprünglichen Würde erneuert und bekleidet. Die Taufentkleidung des Erlösers wird daraufhin als eine Vorwegnahme seiner Entblößung am Kreuz verstanden, und selbst für die Geschlechtslosigkeit Jesu auf späteren Darstellungen finden Prediger und Maler in der Heiligen Schrift einen Hinweis: In Christus entsteht eine neue Schöpfung; in ihr gibt es weder Mann noch Frau, sondern alles und in allem wird Christus sein (vgl. Gal 3,28).

Christus wird in den Wassern des Jordan meist, wie bei der Schöpfung, mit einem Segensgestus dargestellt. Die beiden ausgestreckten Finger sind ein Zeichen für die beiden Naturen, die anderen drei gebeugten Finger stehen für die Dreieinheit; dieser Fingergestus enthält die Buchstaben IC XC für »**J**esu**S** **CH**ristu**S**«. Es ist der Gestus der Schöpfung wie auch der Neuschöpfung.

Der Kreuznimbus am Haupt Christi mit den Worten »Der Seiende« bezieht sich auf das Wort des Herrn an Mose: »Ich bin, der ich bin«, und weist Jesus als den seienden und lebendigen Gott aus (vgl. Ex 3, 14).

Origenes und andere berichten von einem Felsen am Jordanufer des Taufortes, von dem der Legende nach Elia in den Himmel aufgefahren ist.[132] Die Vegetation des Taufortes ist rauh und karg dargestellt, wie Jesaja vorher verkündet hat, zuweilen sieht man aber auch blühende Pflanzen: »Die Wüste und das trockene Land werden frohlocken, und die Steppe wird jubeln und wird blühen wie die Lilien« (Jes 35,1), denn das Wasser des Jordan wird zum Quell des neuen Lebens. Eine Kluft mit zwei Teilen deutet den durch die Sünde unüberbrückbaren Abgrund zwischen Gott und Mensch, doch Christus führt die göttliche und die menschliche Natur wieder zusammen. Er war Mensch und Gott und ließ die Finsternis zum Licht aufstrahlen.

---

[132] Origenes, Comment. In Ioan. VI,24 (PG 14,269).

Die vier Bergspitzen sind ein Zeichen für die Evangelisten, die großen Zeugen des Glaubens. Drei Spitzen richten sich zum Himmel, eine vierte ist abgebogen - Symbol für Johannes, der »erkannt hatte, daß die anderen Evangelien vor allem Dinge erzählten, die den menschlichen Teil Christi angehen, deshalb schrieb er ein göttliches Evangelium«[133]. Der abgestumpfte Berg weist nach oben zu Gott, zugleich aber dient er unten als Stütze für Johannes den Täufer, dessen Jünger der Evangelist Johannes war.

Gleich dem Quellwunder des Mose stürzen die Jordanfluten von oben herab, wie aus dem Felsen hervorbrechend. Diese stilisierte Form ist als Vorstufe für den bildhaft-landschaftlichen Rahmen zu werten, in den die Taufszene im 5./6. Jahrhundert gestellt wird. Der Bericht vom Erschrecken und von der Umkehr des Jordan und seiner Wasser geht auf die Worte von Ps 77,17a und Ps 114,3.5 zurück: »Die Wasser sahen dich, Gott, die Wasser sahen dich und erbebten«; »Das Meer sah es und floh, der Jordan wandte sich zurück«, und: »Was war dir, Meer, daß du flohst, und mit dir, Jordan, daß du dich zurückwandtest?« Die Gegenüberstellung von Meer und Jordan zu Füßen Christi ist Ps 114,3.5 entnommen, der schon früh typologisch mit der Taufe Christi verbunden wurde. Die antiken Flußgottheiten von Meer und Jordan, die in ihrer bildlichen Wiedergabe kaum noch als Gottheiten gemeint sind, werden durch die Taufe des Gottessohnes entmachtet.

Der Jordan und das Meer, manchmal als eine auf dem Rücken eines Tieres sitzende weibliche Figur (weiblich: ἥ θάλασσα = Meer) dargestellt, sind auf der Flucht und weichen zurück (Ps 114,3). Ein Hymnus im 5. Ton des Festtages läßt den Jordan sprechen:

> *Ich ertrage das mich verzehrende Feuer nicht. Ich ziehe mich zurück und zittere vor dieser äußersten Willfährigkeit, denn ich bin nicht daran gewöhnt, zu waschen, was rein ist, ich habe nicht gelernt, zu reinigen, was ohne Sünde ist, sondern*

[133] Clemens von Alexandrien, Stromateis 1,49 (vgl. PG 8,888).

die Gefäße vom Schmutz zu befreien. Christus, der in mir getauft ist, lehrt mich, die Dornen der Sünde abzubrennen.

Immer wieder wird in den liturgischen Texten des byzantinischen Ritus zum Fest von Theophanie beschrieben, wie sich die Wogen des Jordan auftürmen: Der Fluß verläßt seinen gewohnten Lauf und kehrt seine Wogen um. Denn der Jordan erträgt die Göttlichkeit nicht; der Fluß wäscht nicht seinen Schöpfer, erkennt das Wasser doch seinen Bildner, dessen Licht es aber nicht zu ertragen vermag. Gott offenbart sich zu dieser Stunde in Feuer und Licht, und der Heilige Geist steigt herab unter feuriger Gestalt, so daß im Jordan, als Christus in die Fluten eintaucht, ein Feuer entflammt. So ist die Stunde der Taufe Jesu im Fluß des Jordan voller Dynamik und sogar Dramatik. Eine syrische Predigt Pseudo-Gregors betrachtet staunend dieses göttliche Geheimnis mit folgenden Worten:

O wunderbares Ereignis, ein Funke ist im Wasser, Feuer im Fluß, die Flamme wogt in der Welle auf und ab.[134]

Daß die Taube einen Kranz herabträgt, erklärt sich aus der syrischen Taufliturgie, bei der der Täufling bekränzt wird.
Christus ist das Licht der Welt und die Sonne der Gerechtigkeit, er offenbart sich unter Feuer- und Lichterscheinungen, während der Heilige Geist in feuriger Gestalt erscheint. In einem hymnenartigen Gebet des Sophronios von Jerusalem heißt es:

Heute geht die Sonne auf, die den Untergang nicht kennt, und die Welt wird vom Licht des Herrn erfüllt. Heute beleuchtet der Mond mit seinen Lichtstrahlen die Welt. Heute erleuchten die vor Glanz schimmernden Sterne den Erdkreis mit Licht.

---

134 Manche sprechen sogar von einer feurigen Taube, die vom Himmel herabsteigt.

Im Taufbild werden Sonne und Mond symbolisiert durch die antiken Lichtgottheiten Helios und Selene. Helios trägt eine Strahlenkrone und Selene eine mondsichelartige Kopfbedeckung. Sonne und Mond, auf spätantiken Herrscherbildern Zeichen für die weltumspannende Macht, bezeugen auf dem Taufbild Christus als Himmelskönig und universalen Schöpfer und Herrn von Erde und Firmament.
Wie bei der Ankunft eines irdischen Herrschers begleiten Engel das Geschehen der Taufe als Gefolge des Himmelskönigs, der nun seine Weltherrschaft antritt. Meist sind sie als Erzengel gekennzeichnet, als Cherubim und Seraphim. Der geöffnete Himmel und die verehrend assistierenden Engel dienen als Erweis der Göttlichkeit des Täuflings. Meist assistieren zwei oder auch mehr Engel. Sie breiten über ihre Hände Trockentücher, die den antiken höfischen Verehrungsgestus andeuten.
In diese Szene ist auch der Bericht von der Versuchung Christi hineingenommen. Wie nach den drei Versuchungen durch den Satan dienen dem Herrn nach der Taufe, der Stunde der Erniedrigung, seine Engel und verehren ihn als ihren Schöpfer und Gott. Zuweilen findet sich eine bildreiche Steigerung der Thematik: Engel künden das Ereignis an, sie stehen in Stille dabei und beten an bzw. erzittern vor Christus. Die drei Engel erinnern ferner an die Engel bei den Eichen von Mamre, die dem Abraham erschienen (Gen 18,1-15) und ihm die Geburt Isaaks, seines einzigen Sohnes, voraussagten; nicht anders verkünden die Engel bei der Taufe das Kommen des eingeborenen Sohnes Gottes.
Gelegentlich sieht man auf dem Taufbild einen belaubten und einen verdorrten Baum antithetisch einander gegenübergestellt. Dies erinnert an den Bußruf des Täufers, daß die Axt an die Wurzel der Bäume gelegt ist (vgl. Mt 3,10), und an die mahnende Drohung, daß der Baum, der keine gute Frucht bringt, abgeschlagen und ins Feuer ge-

worfen werde. Es handelt sich um den Aufruf zur »rechtschaffenen Frucht« (vgl. Mt 3, 8).[135]

Ein kleiner Baum deutet auf die Erfüllung der Verheißung des Jesaja, daß aus dem Baumstumpf ein neues Reis bzw. ein junger Trieb hervorgehen werde (Jes 11,1f.10f.). Es kann auch ein Hinweis auf den Baum der Erkenntnis von Gut und Böse enthalten sein, denn Christus ist der neue Adam und sein Kreuz der neue Baum des Lebens.

In den zahlreichen Einzelaspekten des Taufbildes zeigt sich der theologische Gehalt dieses Glaubensmysteriums. Ein erster Aspekt ergibt sich aus der Parallelität der Hadeshöhle der Anastasisdarstellung mit der Felsenhöhle des Flußbettes, die auf nicht wenigen Bildern von der Taufe Christi zu sehen ist. Christus steht auf einem gekreuzten Balkenpaar, das im Bild der Anastasis-Höllenfahrt die zerborstene Höllenpforte darstellt, und offenbart sich triumphierend bei seiner Taufe - wie bei seiner Hades-Höllenfahrt - als Sieger über Tod und Unterwelt und als Spender der Wiedergeburt und des ewigen Lebens.

Bei diesen Darstellungen geht es um den heilsgeschichtlichen Zusammenhang von Taufe und Tod, von Taufe Christi und sieghafter Hadesfahrt-Anastasis.

Die Taufe des Herrn vollendet sich in seiner Hingabe als »Lamm Gottes« (Joh 1,29.36) am Kreuz. So findet die Feier der Epiphanie ihre Vollendung im Geheimnis des Pascha. Dieses Bild wird im Leben des Glaubens existentiell eingeholt durch die Teilnahme am Sterben Jesu, auf daß sich darin auch das Leben Jesu offenbare (2 Kor 4,10f.; Gal 2,19f.). Im Skandalon des Kreuzes findet der Mensch neues Leben, sobald er in die Nachfolge des Gekreuzigten tritt. Manche Bilder zeigen, wie Täuflinge ihre Kleidung abstreifen, um dem Bad Christi nachzueilen, indem sie bildhaft den »alten Adam« ausziehen, um den »neuen« anzulegen, wie der Apostel Paulus die Taufe versteht (vgl. Röm 13,14; Gal 3,27).

---

[135] In der Vulgata heißt es: fructum dignum paenitentiae, und in der Einheitsübersetzung: »Frucht [...], die eure Umkehr zeigt«.

In Mk 10,38 fragt Jesus Jakobus und Johannes: »Könnt ihr den Kelch trinken, den ich trinke, oder die Taufe auf euch nehmen, mit der ich getauft werde?« Kelch und Taufe weisen hier auf das Martyrium, wie es Jesus selbst erlitten hat (Lk 12,50). Die Taufe des Herrn vollendet sich in seiner Hingabe als »Lamm Gottes« (Joh 1,29.36) am Kreuz. So findet die Feier der Epiphanie im Geheimnis des Pascha ihre Vollendung. Dies wird im Leben des Glaubens existentiell eingeholt durch die Teilnahme am Sterben Jesu, auf daß sich im Glaubenden auch das Leben Jesu offenbart (2 Kor 4,10f; Gal 2,19f). Die Bilder zeigen, wie Täuflinge ihre Kleidung abstreifen, um dem Bad Christi nachzueilen, indem sie bildhaft den »alten Adam« ausziehen, um den »neuen« anzulegen, wie der Apostel Paulus die Taufe versteht.
Origenes betont besonders, daß bei der Taufe Jesu zum erstenmal die Trinität geoffenbart wurde.[136] Was und wer das Kind in der Krippe eigentlich ist, wird endgültig erst zu dieser Stunde offenbar, als sich der Himmel auftut und eine Stimme Jesus als den Sohn des Vaters proklamiert. Alle Gebete in der byzantinischen Liturgie stimmen ein in den Lobgesang auf jenen Gott, der sich mit der Taufe des Herrn als der Dreieine geoffenbart hat.

Das Gespräch in der Synagoge

Es mag einen vielleicht verwundern, daß sich unter den Stationen der Theophanien eine recht frühe Begebenheit aus dem Leben Jesu findet (Lk 4,17-21; auch 2,46), läßt sich doch exegetisch nur wenig über die erste Zeit des Lebens Jesu feststellen.[137]

---

[136] Origenes, Genesishomilien II,5 (L. Doutreleau [Hg.], Origène. Homélies sur la Genèse [SC 7bis], Paris 1985, 102).

[137] Vgl. z. B. K. Kertelge, Das verborgene Leben Jesu im Spiegel der Evangelien. Eine exegetische Skizze, in: IkaZ 33 (2004) 16-19.

pokryphen beschreiben zahlreiche wunderbare Begebenheiten aus dem Leben des jungen Jesus.[138] Der Koran behauptet sogar, Jesus habe schon in der Wiege wie ein alter Mann gesprochen.[139] Die Kindheitserzählungen des Matthäus und Lukas berichten zwar einige wundersame Begebenheiten vom Beginn des Lebens Jesu, aber es handelt sich hierbei nicht um große Taten und außergewöhnliche Darbietungen, vielmehr erscheint Jesus als ein ganz normales Kind und als gewöhnlicher Mensch. Selbst die Szene im Tempel ist alles andere als wunderlich: Jesus überrascht die Gesetzeslehrer durch seine Antworten, da er noch vor dem Alter der »bar mitsva« war, durchaus in der damaligen Zeit ein übliches literarisches Motiv.[140]

Die Evangelisten verzichten bewußt auf eine vollständige Biographie Jesu (vgl. Lk 1,1-4), wie sich schon im Übergehen der ersten drei Jahrzehnte zeigt. Es handelt sich hierbei um kein bloß literarisch-stilistisches Mittel, vielmehr kommt ihnen ein zentraler theologischer Gehalt zu. Ebenso berichten die Evangelien von den Jahren des öffentlichen Wirkens Jesu, daß er sich immer wieder in die Verborgenheit und Einsamkeit zurückzog (vgl. Mk 1,35; 6,31; Joh 11,54 etc.). Zudem bleibt sein ganzes Leben von einem großen Geheimnis bestimmt, nämlich dem »Messiasgeheimnis« (Mk 8, 27-30), und selbst der Titel »Menschensohn« ist nur von diesem Mysterium her »verständlich«. Die letzte Offenbarung des Geheimnisses Jesu wird erst am Ende der Zeiten bei seiner Wiederkunft geschehen.

---

138 Apokryphes Matthäus Evangelium, XXVII, und Kindheitsevangelium des Thomas, II, 2-4. - Auch W. Bauer, Das Leben Jesu im Zeitalter der neutestamentlichen Apokryphen. Tübingen 1909; H.-J. Klauck, Apokryphe Evangelien. Eine Einführung, Stuttgart 2002; W. Schneemelcher, Neutestamentliche Apokryphen in deutscher Übersetzung. Bd. I: Evangelien, Tübingen 1990; C. Markschies / J. Schröter (Hgg.), Antike christliche Apokryphen in deutscher Übersetzung. Bd.I: Evangelien und Verwandtes, Teilband 2, Tübingen 2012.

139 Koran III 43/49.

140 Vgl. Flavius Josephus, Autobiographie I,2,8. - Vgl. R. Brague, Nur verlorene Zeit?, in: IkaZ 33 (2004) 4-10, hier 8.

Ebenso verhält es sich am Ende der »Kindheitserzählungen«, wo schon im Präludium von Lk 1-2 das ganze Geheimnis des Menschensohnes offenkundig wird: Er lebt in einer großen Verborgenheit mitten unter den Menschen. Die dreißig Jahre verborgenen Lebens gehören in gleicher Weise zur Offenbarung Gottes und zu den Mysterien des Lebens Jesu wie die drei Jahre seiner öffentlichen Wirksamkeit: Gerade in der verborgenen Zeit von Nazareth macht Gottes Sohn »Fortschritte« (προέκοπτεν) und wächst zum »Vollalter« (ἡλικία) heran. Die Verborgenheit und das Schweigen der ersten drei Jahrzehnte lassen ein Grundgesetz in der Begegnung mit dem Mysterium Gottes erkennen, das für die ganze Geschichte der Offenbarung gültig bleibt: Es bedurfte einer »unendlich großen Zeit«, bis Gott die Welt zu erschaffen beschloß und bis der Mensch sie zu erkennen und konkret wahrzunehmen vermochte: »Die Unterweisung Christi erhält erst Sinn durch ihre Verwurzelung in einer Biographie und in einem Fleisch. Das ist noch nicht alles: Das Wesentliche im Ereignis des Kommens Christi ist nicht die Botschaft, die er bringt. Die christliche Botschaft hat keine Lehre zum Inhalt, sondern eine Person. Und im Unterschied zu einer Lehre gelangt eine Person durch einen nicht erzwingbaren Wachstumsprozeß nur schrittweise zu dem, was sie ist. Wenn das Christentum eine 'Botschaft', die Lehre einer 'großen sittlichen Gestalt' wäre, so wäre alles, was nicht diese Botschaft ist, im Grunde unnütz. Es würde genügen, mit den ersten Worten Jesu zu beginnen. Das Christentum ist nicht die Übermittlung einer Botschaft und auch nicht die Offenbarung von Wahrheiten über die göttlichen Dinge. Es ist Gottes *Selbst*offenbarung in einer menschlichen Gestalt. Darum muß der, der so geoffenbart wird, die Person Christi, als eine menschliche Person zu dem werden, was sie ist, auf dem Weg, der durch die Dichte einer Geschichte hindurchführt, der persönlichen Geschichte eines Reifens zum Erwachsenenalter. Und auch der kollektiven Geschichte von allem, was die Person ausmacht, indem sie diese in ein Erbe stellt, das sie sich durch Erziehung und Reflexion aneignen muß: eine Sprache, die Sitten und den Glauben eines Volkes. Und hierzu braucht es

Zeit, braucht es diese Jahre, die somit nicht verloren sind, sondern im Gegenteil unerläßlich für das Reifen, das ein fundiertes und beachtetes Sich-Äußern ermöglicht.«[141] Insofern die Zeit der Verborgenheit in Nazareth eine Grundaussage göttlicher Offenbarung beinhaltet, gehören die dreißig Jahre der Kindheit und des Erwachsenwerdens Jesu wesenhaft zu einer Christologie der Mysterien seines Lebens dazu.
Von den verborgenen Jahren Jesu, die er in der Zeit von seinem zwölften bis zu seinem dreißigsten[142] Lebensjahr in Nazareth verbrachte, lesen wir in Lk 2,51f.: »Dann kehrte er mit ihnen nach Nazareth zurück und war ihnen gehorsam. [...] Jesus aber wuchs heran, und seine Weisheit nahm zu, und er fand Gefallen bei Gott und den Menschen.« Daß Jesus an Weisheit und Gnade zunahm, verstehen die Kirchenväter - bis hin zu Thomas von Aquin - als einen weiteren Hinweis auf das wahre Menschsein Jesu.[143]
Ein wichtiger Schlüssel, um die zitierten Verse des Evangelisten Lukas in rechter Weise zu bedenken, ergibt sich aus dem theologischen Grundsatz, daß die Erlösungsordnung die *Schöpfungsordnung* nicht aufhebt, sondern sie erfüllt und vollendet. So muß auch der Heilssinn der verborgenen Jahre im Leben Jesu dem Schöpfungsplan Gottes entsprechen und eine tiefere Einsicht in ihn geben.[144] Ein weiterer Schlüssel findet sich in der Reaktion der Zuhörer in Nazareth: »Woher

[141] Ebd., 9.

[142] Hierbei handelt es sich um den gesetzlich festgelegten Termin für die Einführung in das priesterliche Amt (Num 4,3). Vgl. die Angaben in Mt 2,23 und Joh 1,45f.

[143] Cyrill von Alexandrien, Quod unus Christus? (PG 75,1332); Origenes, In Lucam homiliae (PG 13,184ff.); Augustinus, In Joannis Evangelium 82,64 (PL 35.1844) etc. - Meist bleibt es aber bei frommen Anmutungen: vgl. M. Meschler, Das Leben unseres Herrn ..., Freiburg 1902, 169ff. - Schließlich wird aus den verborgenen Tätigkeiten Jesu eine Theologie der Arbeit entfaltet: vgl. als neuestes Beispiel Johannes Paul II., Laborem Exercens, 26; Über die menschliche Arbeit. Aschaffenburg 1981, 82-86.

[144] Vgl. S. Thomae Aquinatis, Expositio continua super quattuor Evangelistas simul ac Catena Aurea V, Avenione 1851, 143: nam quidquid spectat ad nos, ipse vere pro nobis Christus suscepit, ut cuncta reformet in melius.

hat er diese Weisheit und Kraft? Ist das nicht der Sohn des Zimmermanns? Heißt nicht seine Mutter Maria? Woher also hat er das alles?« (Mt 13,54-56; Mk 6,2-4; Lk 4,22). Aus diesen Worten läßt sich schließen, daß Jesus ein ganz normales Leben geführt hat und in allem »untertan« war. Er hob sich also in Nazareth durch keine außergewöhnlichen Taten hervor. Hierin zeigt sich ein tieferer Sinn des Lebens und der Lehre Jesu: Sein Wort kann auf je unterschiedliche Weise in denen zunehmen, »welche es aufnehmen; denn nach seinem Maße erscheint es entweder als Kind oder erwachsen oder vollkommen«, wie Thomas von Aquin[145] ausführt.

Das »Wachsen« Jesu (ηὔξανεν) als Kind in Nazareth bestimmen Lk 1, 80 und 2,40 mit demselben Begriff, den die Septuaginta in Gen 1,22 mit »αὐξάνεσθε wiedergibt. Wie Johannes im Geist erstarkte, wächst auch Jesus in den Jahren vor seiner Pilgerreise nach Jerusalem; er wächst, wie Gott es in seiner Schöpfungsordnung vorgesehen hat. Für das Wachsen in Weisheit während der verborgenen Jahre in Nazareth verwendet Lk 2,52 hingegen das Wort »προέκοπτεν«; es bezeichnet kein Wachsen »ohne Mühen«, sondern gerade unter Mühen. In diesem Sinn heißt es in der Vulgata »proficiebat« (vorwärtskommen, etwas erreichen, nutzen). Mit der Begriffswahl scheint ein weiterer bewußter Hinweis auf das wahre Menschsein Jesu gegeben zu sein.

Ein weiteres Zeugnis für dieses »Wachsen« Jesu findet sich gleich beim ersten Auftreten Jesu in Galiläa, nun aber in der Synagoge seiner Heimat: »So kam er auch nach Nazareth, wo er aufgewachsen war, und ging, wie gewohnt, am Sabbat in die Synagoge. Als er aufstand, um aus der Schrift vorzulesen, reichte man ihm das Buch des Propheten Jesaja. Er schlug das Buch auf und fand die Stelle, wo es heißt: 'Der Geist des Herrn ruht auf mir, denn der Herr hat mich gesalbt. Er hat mich gesandt, damit ich den Armen eine gute Nachricht bringe; damit ich den Gefangenen die Freilassung verkünde und den Blinden das Augenlicht; damit ich die Zerschlagenen in Freiheit setze und ein

---

[145] Catena Aurea, 144.

Gnadenjahr des Herrn ausrufe.' Dann schloß er das Buch, gab es dem Synagogenvorsteher und setzte sich. Die Augen aller in der Synagoge waren auf ihn gerichtet. Da begann er, ihnen darzulegen: Heute hat sich das Schriftwort, das ihr eben gehört habt, erfüllt« (Lk 4,16-21).
Für die orthodoxe Kirche beginnt das neue Herrenjahr mit dem 1. September. Damit bezieht sie sich auf Vorschriften des Alten Bundes: »Der erste Tag des siebten Monats soll bei euch ein Ruhetag sein, ein Gedächtnistag mit Hörnerschall, eine heilige Festversammlung« (Lev 24,24; Num 29,1); In diesem Jobeljahr der Juden soll Gott allein herrschen, und jedem sollte die Freiheit geschenkt werden. Jesus bezieht sich auf Jesajas Verheißung einer endzeitlichen Erfüllung und eines vollkommenen Jobeljahres (Jes 61,1-11).
Diese endzeitliche Verheißung sieht die Kirche mit dem Kommen Jesu als »Befreier des Kosmos« erfüllt, weshalb sie dieses Gnadenjahr Jahr für Jahr begeht, nicht also alle fünfzig Jahre wie bei den Juden. Zugleich ist dieser Tag ein Gedenken der Schöpfung und eines gläubigen Umgangs mit ihr, meist mit einer Wasserweihe begangen.

Die Verklärung auf dem Berg Tabor

Das erste Bild, das jeder Ikonenmaler zu »schreiben« hat, ist die Ikone von der Verklärung des Herrn (vgl. Mt 17,1-9; Mk 9,2-9; Lk 9,28-36): Der Maler weiß sich verpflichtet, in seinem Werk das Licht der Verklärung zum Leuchten zu bringen. Das Original der nachgebildeten Ikone von der Verklärung des Herrn stammt aus der Zeit um 1403 und befindet sich heute ebenfalls in der Tretjakow-Galerie von Moskau.
Die Ikone zeigt die Jünger, wie sie den Abhang des Berges hinabstürzen, zu Boden gestreckt, tief erschrocken von dem überwältigenden Geschehen: links der Apostel Petrus, auf den Knien liegend und die Hand emporhebend, um sich vor dem Licht abzuschirmen; in der Mitte Johannes, der zu Boden fällt, den Rücken zum Licht gewandt, und rechts Jakobus, der flieht oder nach rückwärts fällt.

Christus hatte seine Jünger auf diese Schau, die ihnen nun zuteil wird, vorbereitet: »Ich sage es euch in Wahrheit: Einige von denen, die hier stehen, werden nicht sterben, bis sie das Reich Gottes mit Macht haben kommen sehen« (Mk 9,1), oder noch deutlicher: »ehe sie nicht den Sohn des Menschen haben kommen sehen mit seinem Reich« (Mt 16,28). Petrus, Jakobus und Johannes dürfen zu Lebzeiten Augenzeugen der Herrlichkeit des Menschensohnes sein und bekennen: »Wir waren mit ihm auf dem heiligen Berg« (2 Petr 1,16-18).

Der Kontrast zwischen dem oberen und dem unteren Teil der Ikone ist so überdeutlich, daß der Eindruck entsteht, der göttliche Bereich sollte vom menschlichen getrennt werden. Christus steht unbeweglich, und der Friede, der von ihm ausgeht, überflutet die sich neigenden Gestalten Mose und Elija, die ein vollkommener Kreis umschließt. Im unteren Teil der Ikone dagegen herrscht die bewegte Dynamik der drei Jünger vor, welche sich angesichts der göttlichen Offenbarung sehr menschlich verhalten, nämlich erschüttert und verwirrt, aber auch von Freude erfüllt. Überwältigt von dem Geschehen, möchte Petrus »Zelte bauen«. Seine Worte: »Es ist gut für uns, daß wir hier sind«, scheinen um den Urstand der Welt zu wissen, da Gott sie betrachtete und »sah, daß sie schön war«.

Auf unserer Ikone steht Christus inmitten einer aus konzentrischen Kreisen gebildeten Mandorla. Die drei Sphären stellen die Totalität des geschaffenen Universums dar, alle Mysterien der göttlichen Schöpfung in sich tragend. Das Fünfeck, das oft in den Kreis der Mandorla eingezeichnet ist, bezeichnet die »lichte Wolke«, das Signum des Heiligen Geistes. Mose und Elija symbolisieren Gesetz und Propheten, aber auch die Toten (Mose, der vor dem Eintritt in das Gelobte Land starb) und die Lebenden (Elija, der vor seinem Tod auf einem feurigen Wagen zum Himmel emporgehoben wurde). So bezeugen Elija und Mose, die beiden großen Gestalten des Alten Bundes, das Wunder Gottes auf dem Berg Tabor, zugleich aber auch die Kontinuität der Heilsgeschichte und der Testamente.

Das Sticheron der byzantinischen Vesper (1. Ton) erklärt Mose und

Elija als die großen Visionäre des Alten Testamentes, denen Gott auf dem Sinai und Karmel erschienen ist. Zur Stunde der Verklärung werden sie Zeugen der trinitarischen Theophanie, wie es in der byzantinischen Matutin zum Fest heißt:

> *Du unveränderliches Licht des Vaters, o göttliches Wort, in deinem aufblitzenden Licht haben wir heute auf dem Tabor das Licht gesehen, das der Vater ist, und das Licht, das der Geist ist, dieses Licht, das alle Kreatur erleuchtet.*

Auf dem Berg Tabor erkennen die Jünger auch die unterschiedlichen Seiten göttlicher Schönheit, nämlich Herrlichkeit und Kreuz, Verklärung und Leiden: »Sie sprachen von seinem Ende (éxodos), das sich in Jerusalem erfüllen sollte« (Lk 9,31). Papst Johannes Paul II. schreibt hierzu: Der Weg zum Ende hin, »aus der Perspektive des Berges Tabor betrachtet, erscheint wie ein Weg zwischen zwei Lichtern: das vorwegnehmende Licht der Verklärung und jenes endgültige Licht der Auferstehung«. In der Passion wird die Verherrlichung des Menschensohnes offenkundig. So sagt Christus von seinem Leidensweg: »Jetzt ist der Menschensohn verherrlicht, und Gott ist in ihm verherrlicht« (Joh 13,31), und zuvor: »Es kam eine Stimme vom Himmel, die sprach: Ich habe ihn verherrlicht, und ich werde ihn noch verherrlichen« (Joh 12,28).

Die Ikone von der Verklärung zeigt Christus meist aufrecht (oder sitzend) auf der Höhe jenes Berges, dem die Paradiesesströme entspringen und die sich in vier Arme aufteilen. Denn der Auferstandene, der neue Adam, bekleidet die menschliche Natur mit ihrer ursprünglichen Schönheit. Diese Schönheit konnten die Jünger schauen, aber nur, »soweit sie dafür fähig waren«, wie es im Kontakion der byzantinischen Liturgie vom 6. August heißt:

> *Auf dem Berg wurdest du verklärt, Christus, Gott. Die Jünger schauten, wie sie es vermochten, deine Herrlichkeit, auf daß*

sie, wenn sie dich gekreuzigt sehen, das Leiden als freiwillig begreifen, der Welt aber verkünden, daß du in Wahrheit bist der Abglanz des Vaters.

Mose vermochte das göttliche Antlitz nicht zu schauen, ohne zu sterben. Den Jüngern hingegen wird auf dem Berg der Verklärung die Schau der Gottheit im menschlichen Antlitz geschenkt. In dieser Stunde dürfen sie die göttliche Herrlichkeit auf einem Menschenantlitz schauen. Denselben Christus, dessen Antlitz und Gewand sie kennen, sehen sie nun vor ihren Augen verklärt: Sein menschliches Antlitz »glänzte wie die Sonne«, und seine Kleider wurden »weiß wie Schnee« (Mt 17,2).

Aber nicht Christus wandelt sich, sondern die Augen der Apostel öffnen sich für einen Augenblick und schauen, was sonst ihren Augen verborgen ist.

Der Mensch hat nämlich Anteil an der Herrlichkeit des Menschensohnes, nach dessen »Bild« er geschaffen wurde. Er ist nicht nach einer Vorstellung Gottes geschaffen, sondern nach dem Bild Gottes (Gen 1,26-28). Nicht etwas in Gott, sondern Gott selbst ist das Modell für den Menschen: Die Gottebenbildlichkeit des Menschen sagt zuerst etwas über Gott aus, der sich sein Bild schafft und zu ihm in ein besonderes Verhältnis tritt, bevor sie etwas über den Menschen aussagt, der so geschaffen wird. Fürwahr: Der Mensch ist Gott ähnlich, eben weil Gott selbst dem Menschen ähnlich ist. Der Mensch ist das menschliche Antlitz Gottes.

Zwischen Gott und Mensch existiert die größte Verwandtschaft. Hier gilt nicht eins nach dem anderen, sondern das eine *und* das andere. Deshalb müssen wir wieder die Antinomien lernen, auf welche die Kirchenväter unentwegt hinweisen, um »nicht zu betrüben« und »den Geist nicht auszulöschen«. Der Mensch sagt: »Ich bin unvollkommen«, und Gott antwortet ihm: »Seid vollkommen, wie euer Vater im Himmel vollkommen ist.« Der Mensch muß bekennen: »Ich bin Staub«, und Christus sagt zu ihm: »Ihr alle seid Götter, und ihr seid meine Freunde.« Sagt der Mensch: »Geh weg von mir, ich bin ein sündiger Mensch«, so gilt ihm doch die Verheißung: »Ihr seid von Gottes Geschlecht«, und: »Ihr habt die Salbung vom Heiligen Geist empfangen, ihr wißt alles.« Der Mensch ist beides: »geschaffen« und »geboren aus Wasser und Heiligem Geist«, Kreatur und werdender Gott: »ein geschaffener Gott«, so lautet eine der paradoxesten Bezeichnungen. Denn »alle, die er im voraus erkannt hat, hat er auch im voraus dazu bestimmt, dem Bild seines Sohnes gleichzuwerden« (Röm 8, 29). Somit zeigt sich in der Menschheit Christi auch die göttliche Wirklichkeit des Menschen, der im Menschensohn seine ursprüngliche Würde wiedererhält. In der Menschwerdung des Logos wird endgültig offenbar, daß die irdische Wirklichkeit Trägerin überirdischer Wirklichkeit ist. Deshalb ist der Mensch nur insofern wahr und wirklich, als er das Himmlische zurückstrahlt: »Wir alle spiegeln mit enthülltem Antlitz (ausgeführt in seinen Mysterien) wie in einem Spiegel die Herrlichkeit des Herrn (die auf dem Antlitz Christi liegt) und werden in dieses selbe Bild hineinverwandelt, von Herrlichkeit zu Herrlichkeit, durch das Wirken des Geistes« (2 Kor 3,18; 4,6). Die vollkommene Schönheit Jesu geht auf seine Jünger über.

Auf Gott hin geschaffen, ist der Mensch dazu berufen, auch in seinen Lebensvollzügen am Geheimnis Gottes teilzunehmen. Dies bedeutet für den Menschen zunächst eine leidvolle Erfahrung, bis in jene Tiefen hinein, in denen der Mensch für sich selbst ein Rätsel wird. Der göttlichen Apophatik entspricht eine menschliche Apophatik, ist es doch leichter, den Himmel zu erkennen, als sich selbst.

Das Leben im Glauben bedeutet ein stetes Ringen um die Gottfähigkeit des Menschen. Alles Tun im Glauben bleibt dem Sein nachgeordnet, und was immer der Mensch in den Sakramenten und in der Liturgie empfängt, ist mehr, als er je denken und verwirklichen kann. »Werdet Nachahmer Gottes!« heißt es in Eph 5,1. Damit steht das ganze Leben im Glauben unter dem Primat des Logos vor dem Ethos. Wenn von der Verklärung gesagt wurde, daß sich nicht Christus wandelte, sondern die Augen der Jünger für einen Augenblick schauen durften, was ihnen sonst verborgen war, so läßt sich dies auch von der Feier der Eucharistie sagen: Sie wird mit den Gaben der Schöpfung gefeiert, ohne daß sie zerstört werden, vielmehr ist alles in Christus umgewandelt und erneuert - in Vorausschau auf die endzeitliche Verklärung des ganzen Kosmos. In den Worten: »Eine leuchtende Wolke warf ihren Schatten auf sie« (Mt 17,5), sieht die frühe Kirche ein Bild des Heiligen Geistes, der dem Menschen an Pfingsten in Fülle geschenkt ist. Dieser Prozeß der zunehmenden Verwandlung in Christus ist epikletischer Natur, also ganz vom Wirken des Heiligen Geistes getragen, den wir in jeder Liturgiefeier anrufen dürfen.

Der Abstieg in die Unterwelt und die Errettung Adams und Evas

Der Auferstehungstag, der das ganze Jahr verwandelnd überstrahlt, dringt in die kleinsten Parzellen der Zeit ein. Auf dieses Geschehen hin versteht die orthodoxe Kirche zuweilen die Brotbitte: »Gib uns heute unser wesentliches Brot«, nämlich das Brot dieses wesentlichen Tages gemäß der Übersetzung von »hyperousios« als »super-essentialis«, so daß die zeithafte Bedeutung (»auf diesen Tag bezüglich«) auch den qualitativen Zeitsinn im liturgischen Mysterium andeutet. Der sakramentale Tag, der jeden Augenblick des Lebens in neue Zeit verwandelt, ist der Tag des Herrn (vgl. Offb 1,10). Von der Eucharistie her wird der Sonntag zur alles befruchtenden Anamnese, welche die ewige Liturgie vergegenwärtigt und daran teilnehmen läßt. Es ist kein arbeitsloser Tag, sondern jener, an dem »der Vater immerfort wirkt« (Joh 5, 17): Ruhetag, aber der Ruhe Gottes, also schöpferische Liturgie.

Was sich als Heiligung der Zeit im Lauf des Jahres vollzieht, ereignet sich konkret in den einzelnen Stunden des Tages bei der Feier der Stundenliturgie. Die Bedeutung von Ostern wird an vielen Stellen und

in zahlreichen Vollzügen der frühen Kirche erkennbar. Beim Gebet schauten die Christen nach Osten, dorthin, wo die Sonne aufgeht, in der man das Bild des Herrn erblickte, der aus dem Totenreich in die Höhe aufstieg und dort als Kyrios herrscht. Ein weiterer Hinweis auf Ostern findet sich in dem wöchentlichen Aufstieg vom Mittwoch über den Freitag bis zum Sonntag als dem Gedächtnis der Auferstehung.
In der Liturgie und Ikonographie der frühen Kirche und in der Theologie und Spiritualität der Kirchenväter bedeutet Ostern das Fest aller Feste. Ostern unterscheidet sich nämlich von allen anderen Festen des Glaubens, sind diese doch »Gedächtnisse« im Vollsinn des biblischen Wortes, Ostern hingegen ist ein »Geheimnis«, ein »Sakrament«. Denn das Unsichtbare bleibt an Ostern umfassender als das Sichtbare und zugleich in höherem Maß wirklich als das sichtbare Zeichen der Liturgie: Während die Liturgie nämlich sichtbar die Auferstehung Christi begeht, vollzieht sich unsichtbar, was Auferstehung bedeutet, nämlich die Erneuerung der Welt durch die Zusammenführung der ganzen Menschheit.
Von dieser Neuschöpfung in der Auferstehung kündet das letzte Bild in der Reihe der Theophanien; gemeint ist die Festikone der Anastasis: Die Ikone zeigt nicht den historischen Moment der Auferstehung, sondern die Errettung des Menschen. Der Menschensohn steigt hinab in die Unterwelt, um Adam aus der Macht des Todes zu befreien, also jenen Menschen, der »uns allen am inwendigsten« ist, wie ein Kirchenvater ihn bezeichnete. Die erbarmungsvolle Rettung des Menschen und der gesamten Schöpfung an Ostern betrachtet die Kirche des Ostens im Einklang mit Eph 4,8-10:

> *Aufsteigend zur Höhe, nahm er die Gefangenschaft gefangen, gab Geschenke den Menschen. Das Wort »er stieg auf«, was bedeutet es anderes, als daß er auch hinabstieg in die Erde. Der hinabstieg, er ist es auch, der emporstieg bis zum höchsten Himmel, um das All zu erfüllen.*

Mit Adam werden alle Menschen befreit in das Licht des Auferstandenen und in die Nähe des Vaters hinein. Wer Christus anhängt und mit ihm in der Taufe »begraben« ist, wird mit ihm auferstehen, so daß es im Ostergesang anstelle des Trishagion heißt:

> *Die ihr auf Christus getauft seid,*
> *habt Christus angezogen. Halleluja.*

Aus dem Gedanken der Neuschöpfung erklärt sich, warum in der byzantinischen Kirche der Johannesprolog (Joh 1,1-17) nicht wie im Abendland am Weihnachtstag, sondern am Ostersonntag verlesen wird:

> *Im Anfang war das Wort, in ihm ist alles geschaffen. Er kam in sein Eigentum, aber die Seinen nahmen ihn nicht auf. Allen aber, die ihn aufnahmen, gab er Macht, Kinder Gottes zu werden und teilzuhaben an der Lebensfülle Gottes* (Joh 1,1.3.11. 16).

Die östliche Sicht der Auferstehung als Neuschöpfung prägt das Leben in der Freundschaft des Herrn. Der Auferstandene feiert an Ostern sein Fest in uns, in jedem von uns wiederholt sich seine Auferstehung und eröffnet uns »das verborgene Leben in Christus« (Kol 3,3). Deshalb weist die orthodoxe Theologie darauf hin, daß es bei der österlichen Feier der Auferstehung Christi nicht um »Glauben«, sondern um ein »Schauen« geht. Ein solches Schauen des Auferstandenen im Leben des Glaubenden läßt die byzantinische Kirche stärker als das Abendland vom österlichen Geheimnis durchdrungen sein. An keinem Tag des Jahres, auch nicht zu Karfreitag, unterläßt sie den österlichen Lobgesang des Halleluja, und von Ostern bis Pfingsten wiederholt sie:

Christus ist erstanden von den Toten,
er hat den Tod durch den Tod zertreten
und denen in den Gräbern das Leben gebracht.

Die universale Sicht von Ostern prägt auch die Feier des Stundengebets. Während die Stundenliturgie des Westens am Karsamstag mehr die Grabesruhe des Herrn besingt, lassen die liturgischen Gesänge des Ostens deutlich erkennen, daß es nicht um eine Ruhe geht, wie sie in Anlehnung an die Feierruhe Gottes am Ende des Schöpfungswerkes besungen wird, sondern um das neue Durchdrungensein der Schöpfung durch jenen, der »inmitten der Erde« (Ps 74,12) für alle das Heil gewirkt hat.
Ostern heißt nicht nur, daß wir unsere Erlösung feiern, wir feiern zugleich die Erneuerung der Schöpfung. In der Feier des Herrenjahres findet sich kein Fest, das unmittelbar die Schöpfung thematisiert; hier dürfen wir aber hinzufügen: Ostern feiert Schöpfung! Erlösung bedeutet in ihrem Innersten, die Schöpfung zum Leuchten zu bringen und das Geschaffen-Sein des Menschen strahlend zu machen. Darum steht am Anfang der römischen Osternacht zu Beginn der Lesungen die Schöpfungsgeschichte: Die Nacht der Erlösung weist zurück in den Augenblick, wo Gott spricht: »Es werde Licht!« und die Schöpfung ins Dasein ruft. In der Chrysostomus Liturgie der byzantinischen Osternacht hören wir das Schöpfungs-Evangelium, den Johannesprolog: »Im Anfang war das Wort - alle Dinge sind durch es geworden.«
An Mittpfingsten kann die Seele, geleitet vom genannten Wort Jesu am Laubhüttenfest im Tempel (Joh 7,37f.), gleichsam aus innerster Zuversicht und ganz neuer Erwartung singen:

Erschienen ist heute der Auferstehung des Retters lichtschimmernde und freudige hochheilige Mitte, wie ein strahlender Mittag erleuchtend die Welt mit göttlichen Gnaden. Strahlend läßt sie aufleuchten der Erweckung Christi wunderbare Zei-

chen der Unsterblichkeit und zeigt im voraus an die Auffahrt zum Himmel und kündet das ersehnte Kommen des Geistes, der allheiligen Pfingsten glänzendes Volksfest. Darum reicht sie auch dar unsern Seelen Frieden und großes Erbarmen.

Die Seele ist durch das Wandern mit dem Auferstandenen derart eingedrungen in sein Geheimnis, daß ihr der Heimgang Jesu zum Vater kaum wie ein Abschied erscheint, sondern eher wie ein Miteindringen mit dem Sohn in noch größere göttliche Tiefen. Die Seele lebt fortwährend aus Freudenverheißungen, die sie allerdings in der Feier der Liturgie zu artikulieren vermag.

Rückblick

Immer wieder haben Menschen versucht, einen Raum zu bauen, auf daß die Gottheit ihnen hier ihre Anwesenheit gewährt, sie stärkt und erneuert.[146] Ein solcher Raum ist ein Symbol der Bergung, das Geheimnis des Woher und Wohin bezeugend und Leben im tiefsten zusammenhaltend.[147] Nicht anders verhält es sich mit dem neuen Raum der Kirche vom Heiligen Kreuz zu Jerusalem. Doch wir wissen, daß jeder Raum zu klein und eng ist, um die Weite des Weltalls in sich zu bergen und unser Herz zu umfassen, will sich der Menschensohn doch hier in der Tat mit uns vereinen, um in uns geboren zu werden.

Mit dieser Hoffnung begeben sich die Christen schon früh zu den heiligen Höhlen der Geburt Jesu, seines Grabes und seiner Auferstehung; Stätten, die für sie mehr waren als Orte der Erinnerung, erfuhren sie diese doch als Momente der bleibenden Gegenwärtigkeit des Erlösungsgeschehens. Überwölbt von großartigen Kirchenbauten, galten sie schon früh als konkrete, geradezu verleiblichte Stätten der Gnade und der heiligenden und heilenden Gegenwart Gottes: Er selbst machte sich diese Stätten zu eigen, um dem Menschen zu begegnen und ihn zu heilen.

Sodann schenkte Gott dem Menschen den »Bauplan« seines Heiligen Zeltes, der Stiftshütte und seines Tempels, wie auch in die Vorstellung vom Himmlischen Jerusalem die der Stiftshütte in der Wüste und des Tempels von Jerusalem einging, gemäß der Maßgabe des Alten und Neuen Bundes und der Verheißung des Künftigen.

Darin zeigt sich ein zentraler Grundgedanke des christlichen Verständnisses einer Kirche: Ihr inneres Maß wird allemal über eine rein äußere Architektonik hinausgehen, weshalb Augustinus korrigierend in der Auslegung des 35. Psalmes zu bedenken gibt: »Der Tempel des

---

[146] Vgl. hierzu D. Forstner und R. Becker, Neues Lexikon christlicher Symbole, 68ff. 78.

[147] Vgl. ebd., 68ff.

Königs ist die Kirche. Woraus wird dieser Tempel erbaut? Aus Menschen. Wer sind die lebendigen Steine, wenn nicht die Gläubigen? Der Steine Bindemittel aber ist die Liebe. Und wieviele Steine auch zusammenkommen, aus allen soll ein Haus werden.« Die »cohaerentia«[148] einer Kirche als Gebäude erhält ihre »harmonia« in der Liturgie der versammelten Gemeinde. Gleiches gilt von der Kirchweihliturgie, sie bewirkt eine Heiligung der ganzen Kirche aus lebendigen Steinen, indem sie irdische und himmlische Kirche zusammenführt. Garant hierfür ist die Anwesenheit der Reliquien von Heiligen.

Schon in den ersten Tagen der Planung kam es zu einer Armutsdiskussion, ob man - erst recht angesichts der damals anhebenden Welle von Flüchtlingen - für einen Kirchenraum derart viel Geld ausgeben dürfe. Gewiß, es ist eine festliche und kostbar geschmückte neue Kirche; doch wurde das Thema der Theophanie, das in dieser Kirche auf zahlreichen Bildern dargestellt ist, bewußt gewählt, denn jede Feier der Liturgie in dem neuen Kirchenbau stellt dic Gläubigen unmittelbar in die Gegenwart Gottcs, der heilsam an ihnen handelt, gemäß seinen Vcrheißungen.
Eine solche Erfahrung ist immer wieder auch bedroht. Von Mose sagt uns die Heilige Schrift, daß er mit Jahwe »von Angesicht zu Angesicht redete, wie mit einem Freund« (Ex 33,11; Dtn 34,10). Als darüber die Wartezeit zu lange wurde, verlangte das Volk von Aaron, ihm die Kraft und Gegenwart Gottes sichtbar zu machen (Ex 32,1-4). Auf seinen Befehl hin gaben sie all ihren Schmuck aus Gold, und Aaron ließ daraus ein »Bild Gottes«, nämlich das Goldene Kalb, anfertigen, wie zur Sicherheit und Erfüllung einer uralten Sehnsucht nach Gott inmitten der Menschen: »Gott ist in unserer Mitte!« Doch auf diese Weise reihte Aaron den lebendigen Gott Israels in die Reihe der Götzen ein. Sodann wird der Goldschmuck der »Heiligen Lade« beschrieben; auch er vermag die Heiligkeit Jahwes nicht zu erhöhen: Gold ist

---

148 So Suger von Saint Denis, Adm. 52/2, Cons. 90/15-16.

kostbar, aber »kostbarer als Gold sind die Urteile Gottes«, ist doch seine Weisheit wertvoller als alles Gold; dieses erhält seinen Wert erst in der Läuterung durch Feuer hindurch, und ebenso werden die Gerechten geprüft »wie Gold im Ofen«; erweisen sie sich als standhaft und würdig, ist ihr Glaube, da geschmückt mit guten Werken, mehr wert als alles Gold.

In all dem zeigt sich der wahre Wert eines Kirchenbaus: Seine Errichtung wird nie der Größe des lebendigen Gottes gerecht, und seine kostbare Ausgestaltung bleibt leer und nichtig, solange die Gläubigen ihm in ihrem Leben nicht entsprechen. Daher scheint es nahezuliegen, eher schlichte Kirchen zu bauen, mit weißen Wänden, wenigen Bildern und einfacher Ausstattung. Was mag demgegenüber die Aussage eines Raumes sein, wie wir ihn in der neuen Kirche vom Heiligen Kreuz zu Jerusalem betreten? Hier finden wir - bewußt gewählt - das überreiche Zeugnis des Bildes und Goldes, der Farben und Symbole... Für eine derart kostbare Ausstattung kann der Wunsch nach Ausschmückung nicht allein maßgebend sein: Die wahre Schönheit liegt jenseits des Darstellbaren, deshalb darf man sich nicht in Trugbilder verstricken.[149] Für den Kirchenvater ist der ausgeübte Dienst der Liebe (caritas) entscheidender als der Schmuck der Kirchen, denn die Geheimnisse des Glaubens und der Sakramente verlangen kein Gold; eher gereichen die losgekauften Gefangenen und geretteten Seelen Gott zur Ehre und den Christen zur Zierde...

Eine Antwort auf die vorgebrachten Einwände findet sich im Ansatz unserer Überlegungen zum byzantinischen Kirchenbau. Wir sagten, daß es in ihm weniger um Schmuck und Zierde geht, wohl aber um die Erfahrung des Heils, die dem Gläubigen hier gewährt wird, erst recht in der Feier der Liturgie. Was wir an Bildern und Schmuck sehen, ist zur Veranschaulichung des Heils, das Gott für den Menschen gewirkt hat. So können wir mit Recht eine byzantinische Kirche als eine »Höhle des Heils« bezeichnen, in der sich der Gläubige mit seinem Leben

---

149 Vgl. Augustinus, De civitate Dei XXII,24.

bergen darf: Beim Eintritt in den Raum der Kirche schaut er die Quellen des Heils, aus denen sich sein Leben nährt. In diesem Schauen vollzieht sich das gleiche, was die Liturgie feiert, ist sie doch eine Bergung in die Geschichte des Heils, die uns zur Hoffnung und Zuversicht wird.

Wir sagten, die byzantinische Liturgie feiert die Gegenwärtigkeit der Geschichte des Heiles, bis der Herr wiederkommt in Herrlichkeit. In diesem Sinn ist jeder Kirchenbau ein Garant und ein Unterpfand für die Zuverlässigkeit dieser Gegenwart des Heils, das der Gläubige an dieser Stätte empfangen darf. Hier betritt er nochmals die Stationen des Heiles und verinnerlicht sie für sich, wie er sie auf den zahlreichen Bildern dieser neuen Kirche vom Heiligen Kreuz zu Jerusalem aufgezeichnet findet:

Er wird beginnen mit den Anfängen der Schöpfung, die sich aus dem Chaos erhebt, getragen vom Segen Gottes und in ihm erhalten unter dem Zeichen des Heiles, das uns im Kreuz sichtbar ist. Die erste Ikone der Bilderreihe läßt ihn wissen, daß Gott seine Schöpfung nicht verläßt, sondern ihr einwohnt, um die Wege seines auserwählten Volkes mitzugehen. So ruft er Abraham auf den Weg, den er ihm zeigen will, um ihn zum Vater aller Glaubenden zu machen, wie ihm auch Mose im brennenden Dornbusch begegnen darf. Doch er ist ein eifersüchtiger Gott, der keine falschen Götter neben sich duldet, und nur in der Treue zu ihm findet Israel den Weg durch die Wüste in das Gelobte Land. Propheten wie Elia und Elischa rufen das Volk zu seiner ersten Liebe zurück und erweisen sich so als zuverlässige Künder vom Kommen des Menschensohnes. Sein Bild strahlt erstmals auf im Besuch der drei Engel bei Abraham und Sarah, ein Vorausbild der Offenbarung des dreieinen Gottes zur Stunde der Taufe des Herrn, die Johannes als der »Freund des Bräutigams« voller Erschrecken und Staunen vornehmen darf. Daraufhin läßt der eingeborene Menschensohn seine Herrlichkeit immer offenkundiger erscheinen, beginnend mit der Ankündigung der Nähe des Gottesreiches bis hin zur Stunde der Verklärung auf dem Berg Tabor, seiner Kreuzigung, Auferstehung und Himmelfahrt. Dies alles vollendet sich mit dem Kommen des Heiligen Geistes, der das Antlitz der Erde erneuert und sie bereitet für den Anbruch der letzten Theophanie am Ende der Zeiten, wenn sie eintreten darf in das Himmlische Jerusalem, das der Betrachter mit dem leuchtenden Bild der Fenster schauen darf. Daß all dies nicht nur künftige Verheißung bleibt, erfährt er in der Feier der Liturgie; sie beginnt in unmittelbarer Nähe der Darstellung des himmlischen Jerusalem, nämlich bei der Prothesis mit der Proskomidie der eucharistischen Gaben, auf die das Kommen des Heiligen Geistes als Angeld künftiger Vollendung angerufen wird. Versammelt im Zeichen des Kreuzes stehen die Beter vor der Ikonostase an den Stufen des Altares vor dem Angesicht des verherrlichten Menschensohnes, umgeben von den himmlischen Mächten der Engel und Erzengel, der Gottesgebärerin und dem ruhmreichen Vorläufer und Täufer Johannes, den Heiligen und in der Gemeinschaft der ganzen himmlischen und irdischen Kirche, die ihr Loblied auf den ewigen Schöpfer und Herrn aller Dinge anstimmen.

In der neuen Kirche vom Heiligen Kreuz zu Jerusalem erfahren wir bei jeder Liturgiefeier gewiß die Schönheit alles Irdischen, die ein Vorausbild der Schönheit des Kommenden (Offb 21) ist[150] und jenseits alles Herstellbaren und Dargestellten liegt; ist doch das Schöne im letzten nicht machbar, auch nicht in Kunst, Bild und Fertigkeit: »Die irdenen Gefäße können schön sein, obwohl der Schatz, den sie tragen, immer das Schönere ist.«[151] In diesem Sinn erweist sich die neue Kirche vom Heiligen Kreuz zu Jerusalem als Schatzkammer himmlischer Güter; doch nicht das Gefäß heiligt den Inhalt, wohl aber der Inhalt das Gefäß.

---

150 Hierzu H.R. Schlette, Der Christ und die Erfahrung des Schönen, in: J.B. Metz, Weltverständnis im Glauben. Mainz 1965, 80-101.

151 Ebd., 97.

Bibliographie

Beigbeder, O., Lexikon der Symbole. Schlüsselbegriffe zur Bildwelt der romanischen Kunst, Würzburg 1998.

Forstner, D., und Becker, R., Neues Lexikon christlicher Symbole. Innsbruck-Wien 1991.

Lexikon der christlichen Ikonographie. Sonderausgabe, Freiburg-Basel-Wien 1974.

Onasch, K., Lexikon Liturgie und Kunst der Ostkirche unter Berücksichtigung der Alten Kirche. Berlin-München 1993.

Sachs, H. u. a., Christliche Ikonographie in Stichworten. 8 Bde., München 1973.

Schmidt, H. u. M., Die vergessene Bildersprache christlicher Kunst. München 1989.

Spitzing, G., Lexikon byzantinisch christlicher Symbole. Die Bilderwelt Griechenlands und Kleinasiens, München 1989.

KOINONIA - ORIENS e.V., Köln

Begründet von Wilhelm Nyssen
und herausgegeben von Michael Schneider

I. Koinonia - Oriens

XLI	Michael Schneider, Der Wegnahme folgt die Liebe immer, Köln 1994.
XLII	Michael Schneider, Leben in Christus. Kleine Einführung in die Spiritualität der einen Kirche aus Ost und West, St. Ottilien 1996.
XLIII	Michael Schneider und Walter Berschin (Hg.), Ex oriente et occidente (Mt 8,11). Kirche aus Ost und West. Gedenkschrift für Wilhelm Nyssen, St. Ottilien 1996.
XLIV	Michael Schneider, Theologie als Biographie. Eine dogmatische Grundlegung, St. Ottilien 1997.
XLV	Michael Schneider, Leben aus der Fülle des Heiligen Geistes. Standortbestimmung Spiritualität heute, St. Ottilien 1997.
XLVI	Abt Emmanuel Jungclaussen, Unterweisung im Herzensgebet, St. Ottilien ^{2}2003.
XLVII	Lothar Heiser, Jesus Christus - Das Licht aus der Höhe. Verkündigung, Glaube und Feier des Herrenmysteriums in der Orthodoxen Kirche, St. Ottilien 1998.
XLVIII	Lothar Heiser, Mosaike und Hymnen. Frühes Christentum in Syrien und Palästina, St. Ottilien 1999.
XLIX	Lothar Heiser, Äthiopien erhebe seine Hände zu Gott. Die äthiopische Kirche in ihren Bildern und Gebeten, St. Ottilien 2000.
L	Michael Schneider, Schöpfung in Christus. Skizzen zur Schöpfungstheologie in Ost und West, St. Ottilien 1999.
LI	Lothar Heiser, Ägypten sei gesegnet! (Is 19,25). Koptisches Christentum in Bildern und Gebeten, St. Ottilien 2001.
LII	Lothar Heiser, Quellen der Freude. Die Hochfeste der orthodoxen Christen, Gersau 2002.
LIII	Franz Jung / Maria C. Kreuzer, Zwischen Schrecken und Trost. Bilder der Apokalypse aus mittelalterlichen Handschriften ..., Köln 2006.
LIV	Michael Schneider (Hg.), »Wachsam in Liebe« - Eine Festgabe zum 75. Geburtstag Seiner Seligkeit Patriarch Gregorios III., Kisslegg 2008.
LV	Michael Schneider, Theologie des christlichen Gebets, Würzburg 2015.

Bücher der Reihe KOINONIA - ORIENS sind im Buchhandel über den jeweiligen Verlag erhältlich.

II. Edition Cardo

I Wilhelm Nyssen, Der Weg des Herrn. Nach Worten des Alten Bundes, Olten 1974.

II Henning Günther, Walter Benjamin. Zwischen Marxismus und Theologie, Olten 1974.

III Alexander Schmemann, Aus der Freude leben. Ein Glaubensbuch der orthodoxen Christen, Köln ^{2}2003.

IV Michael Schneider, Lectio divina. Leben mit der Heiligen Schrift, Köln ^{2}2004.

V Michael Schneider, Mystik. Zwischen Denken und Erfahrung, Köln 1997.

VI Paul Deselaers, Das »Geistliche Jahr« der Annette von Droste-Hülshoff, Köln 1997.

VII Michael Schneider, Eucharistie. Leben aus dem Mysterium des Glaubens, Köln 1997.

VIII Michael Schneider, Athos. Der Heilige Berg, Köln ^{3}2002.

IX Lothar Heiser, Natur und Tiere in frühchristlicher Deutung, Köln 1997.

X Michael Schneider, Amtskirche auf dem Prüfstand, Köln 1997.

XI Wilhelm Nyssen, Der Sinn des Johannes, Köln 1997.

XII Wilhelm Nyssen, Die theologische und liturgische Bedeutung der Ikone, Köln ^{2}2003.

XIII Wilhelm Nyssen, Das prophetische Buch der Apokalypse, Köln 1997.

XIV Anthony Bloom, Gegenwärtigkeit. Eine Nachschrift von Wilhelm Nyssen. Mit einer Einführung von Michael Schneider, Köln 1997.

XV Wilhelm Nyssen, Theologie des Bildes, Köln 1998.

XVI Michael Schneider, Jahreskranz der Güte Gottes, St. Ottilien 1998.

XVII Michael Schneider, Geistliche Freundschaft, Köln ^{2}2002.

XVIII Michael Schneider, Unterscheidung der Geister, Köln ^{2}2002.

XIX Michael Schneider, Zur Frage nach dem Leid, Köln 1998.

XX Michael Schneider, Stationen auf dem Weg zu Gott, Köln ^{2}2002.

XXI Michael Schneider, Sakrament des Alltags, Köln 1998.

XXII Michael Schneider, Der verborgene Gott, Köln 1998.

XXIII Michael Schneider, Standortbestimmung Priesterausbildung heute, Köln ^{2}2007.

XXIV Michael Schneider, Die Wende um 1200. Der neue Weg der abendländischen Theologie und Spiritualität, Köln 1999.

XXV Michael Schneider, Umkehr zur Zukunft. Theologische und praktische Überlegungen zum Bußsakrament, Köln 1999.

XXVI Michael Schneider, Maria - Kirche im Ursprung, Köln ^{2}1999.

XXVII Michael Schneider, Leben in Fülle, Köln 1999.

XXVIII Michael Schneider, Bekehrung als Grundvollzug christlicher Existenz, Köln 1999.

XXIX Michael Schneider, Leben aus dem Gebet, Köln 1999.

XXX Michael Schneider, Instrumentarium geistlichen Lebens, Köln ^{2}2009.

XXXI Michael Schneider, Das immerwährende Gebet, Köln 1999.

XXXII Michael Schneider, Zum Beten mit den Psalmen, Köln ^{2}2003.

XXXIII Michael Schneider, Wegmarken I: Worte großer Glaubenszeugen, Köln ^{2}2005.

XXXIV Michael Schneider, Weihnachten und Epiphanie, Köln 1999.

XXXV Michael Schneider, »Christus ist unsere Logik!« Zur Verhältnisbestimmung von Theologie und Nachfolge bei Bonaventura, Köln 1999.

XXXVI Margarete Schmid, Erich Przywara SJ (1889-1972), Köln 1999.

XXXVII Michael Schneider, In der Schule der Mönchsväter, Köln 1999 (Kurzfassung von Bd. XCI).

XXXVIII Michael Schneider, Der Lasterkatalog. Zum Umgang mit Krisen und Versuchungen im geistlichen Leben, Köln ^{2}2003.

XXXIX Michael Schneider, Homo viator. Zur biographischen Grundstruktur des Glaubensweges, Köln 1999.

XL Erzbischof Lutfi Laham, Einübung in den geistlichen Weg der Chrysostomus-Liturgie, Köln ^{2}1999.

XLI Michael Schneider, Akedia. Lebenskrisen in der Deutung des Glaubens, Köln ^{2}2004.

XLII Michael Schneider, Theologie und moderne Literatur. Eine Verhältnisbestimmung, Köln 2000.

XLIII Michael Schneider, Zur Frage nach Gott in der modernen Literatur, Köln 2000.

XLIV Margarete Schmid, Theologen der Gegenwart im Gespräch mit der modernen Literatur, Köln 2000.

XLV Michael Schneider, Julius Tyciak (1903-1973). Ein Wegbereiter im Gespräch mit den Kirchen des Ostens, Köln ^{2}2007.

XLVI Michael Schneider, Auf neuen Wegen zur Ikone. Zum Werk von W. Zagorodnikow und A. Jawlensky, Köln ^{2}2005.

XLVII Erzbischof Lutfi Laham, Die Chrysostomus-Liturgie. Eine Hinführung und Erklärung, Köln ^{3}2007 (Kurzfassung von Bd. XL).

XLVIII Ingrid Hermann, Ausgewählte Werke der Musik in ihrer Bedeutung für den Glauben, Köln 2001.

IL Michael Schneider, Zur Theologia tenebrarum bei Erich Przywara und Reinhold Schneider, Köln 2000.

L Michael Schneider, Zur Geschichtstheologie Reinhold Schneiders, Köln 2000.

LI Michael Schneider, Kontemplativ leben in der heutigen Welt, Köln ^{2}2003.

LII Michael Schneider, Die Bedeutung der Eucharistie im Leben des Heiligen Ignatius von Loyola, Köln 2000.

LIII Michael Schneider, Theologia Coloniensis. Zur theologischen Ausdeutung der Kölner Romanik bei Wilhelm Nyssen, Köln 2000.

LIV Michael Schneider, Vom gläubigen Umgang mit der Zeit, Köln 2000.

LV Michael Schneider, Wilhelm Nyssen (1925-1994). Eine Werkbeschreibung, Köln 2001.

LVI Michael Schneider, Anstöße zur Nachfolge, Köln 2000.

LVII Michael Schneider, Einführung in das geistliche Leben, Köln 2000.

LVIII Michael Schneider, Einübung in das geistliche Leben, Köln 2000.

LIX Michael Schneider, Zur Praxis der geistlichen Begleitung: Grundlegung und Hinführung, Köln ^{2}2003.

LX Michael Schneider, Zur Praxis der geistlichen Begleitung: Hilfen und Hinweise, Köln ^{2}2003.

LXI Klaus Nebel, Die Aktualität der Kirchenväter im Leben und Werk John Henry Newmans, Köln 2001.

LXII Stefan Peter, Zur Christusfrömmigkeit im »Weihnachtsoratorium« Johann Sebastian Bachs (BWV 248), Köln 2000.

LXIII Erich Kock, Josef Rikus - Bildhauer, Köln 2000.

LXIV Michael Schneider, Zur theologischen Bedeutung der Kirchenmusik, Köln 2001.

LXV Erzbischof Lutfi Laham, Zur Erneuerung der Chrysostomus-Liturgie in der melkitischen Kirche, Köln 2001.

LXVI Michael Schneider, Zur Reifungsgeschichte des Glaubens in den Lebensaltern, Köln 2001.

LXVII Erich Kock, Zeit-Zeugen des Glaubens (1846-1998), Köln ^{3}2005.

LXVIII Erich Kock, Johann Wolfgang von Goethe. Zwei Studien, Köln 2001.

LXIX Michael Schneider, Lebensprojekt Berufung, Köln ^{2}2003.

LXX Erich Przywara, Der geistliche Weg der Exerzitien, Köln 2002.

LXXI Michael Schneider, Das Sakrament der Versöhnung, Köln ^{2}2002.

LXXII Michael Schneider, Geistliches Leben. Ein Leitfaden für alle Tage des Jahres, Köln ^{2}2005.

LXXIII Michael Schneider, HYMNOS AKATHISTOS. Eine theologische und liturgische Hinführung zum ältesten Marienlob auf die Menschwerdung Gottes, Köln 2001.

LXXIV Sven Boenneke - Romanos Werner OSB, Pascha des Herrn. Homilien und Hymnen zum orthodoxen Osterfest. Mit einem Geleitwort von Abt Emmanuel Jungclaussen OSB, Köln 2001.

LXXV Jörg Splett, Gott-ergriffen. Grundkapitel einer Religionsanthropologie, Köln ^{3}2004.

LXXVI Michael Schneider, Theologie als Nachfolge. Zur existentiellen Grundstruktur von Glaube und Theologie in Geschichte und Gegenwart, Köln ^{2}2007.

LXXVII Michael Schneider, Wegmarken II: Worte der Kirchenväter zum Leben im Glauben, Köln ^{2}2005.

LXXVIII Michael Schneider, Anstöße zum Glauben, Köln 2001.

LXXIX Michael Schneider, Zur Geschichte der christlichen Spiritualität. Ein Leitfaden, Köln 2001 (aus Bd. LXXVI).

LXXX Michael Schneider, Einführung in die Theologie, Köln ^{2}2003.

LXXXI Michael Schneider, Anstöße zur Hoffnung, Köln 2002.

LXXXII Michael Schneider (Hg.), Die melkitische Kirche in Geschichte und Gegenwart, Köln 2001.

LXXXIII	J. Chammas, Die melkitische Kirche. Hrsg. von Patriarch Gregor III., Köln 2001.
LXXXIV	Michael Schneider, Theologische Anthropologie I: Sichtung, Köln ^{2}2007.
LXXXV	Michael Schneider, Theologische Anthropologie II: Konkretisierung, Köln ^{2}2007.
LXXXVI	Michael Schneider, Theologische Anthropologie III: Entfaltung, Köln ^{2}2007.
LXXXVII	Michael Schneider, Theologische Anthropologie IV: Vollendung, Köln ^{2}2007.
LXXXVIII	Michael Schneider, Zur Theologie des Kölners - 11 Traktate, Köln ^{3}2007.
LXXXIX	Lothar Heiser, Die Engel in der Glaubensverkündigung der Orthodoxie, Köln 2002.
XC	Origenes, Homilien zum Buch Genesis. Übertragen und herausgegeben von Sr. Theresia Heither OSB, Köln ^{2}2005.
XCI	Michael Schneider, Aus den Quellen der Wüste. Die Bedeutung der frühen Mönchsväter für eine Spiritualität heute, Köln ^{4}2007.
XCII	Hermann Josef Sieben, »Manna in deserto«. Studien zum Schriftgebrauch der Kirchenväter, Köln 2002.
XCIII	Jörg Splett, Zur Antwort berufen. Zeugnis aus christlichem Stand, Köln ^{4}2005.
XCIV	Michael Schneider, Das Sakrament der Eucharistie, Köln ^{3}2007.
XCV	Wilhelm Nyssen, Die Feier des Herrenjahres in der liturgischen Verkündigung der Kirche in Ost und West, Köln 2002.
XCVI	Ingrid Hermann, Ausgewählte Werke der Musik in ihrer Bedeutung für den Glauben. Teil II, Köln 2003.
XCVII	Michael Schneider, Zur Erlösungslehre in der orthodoxen Theologie, Köln ^{2}2003.
XCVIII	Michael Schneider, Apokatastasis. Zur neueren dogmatischen Diskussion um die Lehre von der Allversöhnung, Köln 2003.
IC	Stephan Lüttich, All my eyes see. Entwurf einer christopoetischen Wahrnehmungs- und Ausdruckslehre bei Gerard Manley Hopkins, Köln 2003.
C	Wilhelm Nyssen, Zur Wachheit des Geistes in den Sinnen. Ausgewählte Texte nach Wilhelm Nyssen, herausgegeben von Michael Schneider, Köln 2002.
CI	BIBLIOTHECA SPIRITUALIS. Artikel aus dem Dictionnaire de Spiritualité, herausgegeben von Hermann Josef Sieben, Vol. I: Hermann Josef Sieben, »Gott-Erinnern« und andere Kapitel aus der geistlichen Überlieferung, Köln 2003.
CII	Michael Schneider, Geisterfüllte Liturgie, Köln 2005.
CIII	Michael Schneider, Papst Benedikt XVI. Zur Einordnung des theologischen Werkes Joseph Ratzingers am Beginn des neuen Pontifikats, Köln ^{3}2005.

CIV Jörg Splett, Freiheits-Erfahrung - Vergegenwärtigungen christlicher Anthropo-Theologie, Köln [2]2005.

CV Peter Bujko, Gott in allen Dingen - Anthropologisch-theologische Reflexion der »Betrachtung, um Liebe zu erlangen« in den Exerzitien des hl. Ignatius von Loyola, Köln 2005.

CVI Erich Przywara, Verse. Gedichte aus dem Nachlaß, heraugegeben von Stephan Lüttich, Köln 2005.

CVII Jörg Splett, Im Dienst der Wahrheit. Abschiedsvorlesung, Köln 2005.

CVIII Erich Kock, Und schrieb auf, was ich sah... Begegnungen, Köln [2]2005.

CIX Ansgar Wucherpfennig, »Abraham hat gewünscht, meinen Tag zu sehen« (Joh 8,56). Das Opfer Abrahams und die Geburt Christi in einer Predigt Ephräms, Köln 2004.

CX Theresia Hainthaler, Die O-Antiphonen. Eine Hinführung und Auslegung der Großen Antiphonen im Hohen Advent, Köln 2004.

CXI Michael Schneider, Das Herzensgebet. Eine Hinführung zur Theologie und Praxis des Jesusgebetes, Köln [3]2005.

CXII Michael Schneider, Das neue Leben. Geistliche Erfahrungen und Wegweisung, Köln [5]2007 (= Bd. LVII - LVIII).

CXIII Abt John Eudes Bamberger OCSO, Geistliche Begleitung nach der Zisterziensertradition, Köln [3]2005.

CXIV Michael Schneider, Zumutungen des Lebens. Eine theologische Einordnung der Erfahrungen von Akedia, Traurigkeit, Melancholie, Glaubensverdunklung und Schwermut, Köln 2005.

CXV Michael Schneider, Zur Frage nach dem Spezifikum der christlichen Kunst. Eine theologische Standortbestimmung, Köln 2004.

CXVI Enzo Bianchi, Lectio divina. Die geistliche Schriftlesung. Mit einem Vorwort von Michael Schneider, Köln 2004.

CXVII Michael Schneider, Karl Rahner und die anthropologische Frage. Zum theologischen Ansatz einer »Logik der existentiellen Erkenntnis«, Köln 2004.

CXVIII Michael Schneider, Modelle christlicher Existenz in Vergangenheit und Gegenwart, Köln [2]2004.

CXIX Michael Schneider, Hymnos Akathistos. Text und Erläuterung, Köln [2]2004.

CXX Michael Schneider, Hymnos Akathistos. Die Feier des Gottesdienstes in Verbindung mit dem Kleinen Apodeipnon, Köln [3]2007.

CXXI Michael Schneider, Die Göttliche Liturgie. Eine theologische Hinführung zur Liturgie unserer Väter unter den Heiligen Basilius und Johannes Chrysostomus, Köln [2]2005.

CXXII Michael Schneider, Lobgesang der Erde. Zur kosmischen Dimension der Liturgie. Eine Skizze, Köln 2004.

CXXIII Michael Schneider, Meister des geistlichen Lebens. Zur Einübung in ein Leben aus dem Glauben, Köln 2004.

CXXIV Dumitru Staniloae, Die Eucharistie als Quelle des geistlichen Lebens, Köln [3]2007.

CXXV	Michael Schneider, Liturgie im lateinischen und orthodoxen Ritus, Köln 2004.
CXXVI	Michael Schneider, Theologie des Schweigens, Köln 2005.
CXXVII	Michael Schneider, Die Christophorus-Legende in Ost und West. Das Leben aus dem Glauben und seine bildhafte Darstellung in der frühchristlichen und abendländischen Tradition, Köln 2005.
CXXVIII	Michael Schneider, Die Wandlung der eucharistischen Gaben nach orthodoxer Theologie, Köln 2004.
CXXIX	Michael Schneider, Zur Theologie der Ehe. Mit einem Diskurs über die Frage nach dem Spender des Ehesakraments, Köln 2005.
CXXX	Archimandrit Irenäus Totzke OSB, Akathistos zum Heiligen Nikolaus dem Wundertäter, Köln 2005.
CXXXI	Marianne Schlosser (Hg.), Eucharistie - Quelle und Höhepunkt des geistlichen Lebens. Mit Beiträgen von Josef Weismayer, Marianne Schlosser, Christoph Benke, Karl-Heinz Steinmetz, Hubert Ph. Weber, Köln 2005.
CXXXII	Jörg Splett, Leibhaftig lieben - Leiblichkeit, Geschlechtlichkeit und Würde der Person, Köln 2006.
CXXXIII	Michael Schneider, »Die Liebe ist möglich, und wir können sie tun.« Erste Überlegungen zur neuen Enzyklika »Deus caritas est« von Papst Benedikt XVI., Köln 2006.
CXXXIV	Michael Schneider, Das theologische Werk Joseph Ratzingers in seiner Bedeutung für ein Gespräch mit der Orthodoxie, Köln 2006.
CXXXV	Archimandrit Irenäus Totzke OSB, Akathistos auf die Auferstehung Christi. Text und Erläuterung, Köln 2005.
CXXXVI	Christina Serafimidis, Die Feier der Göttlichen Liturgie in der orthodoxen Kirche. Eine geistliche Auslegung, Köln 2006.
CXXXVII	Michael Schneider, Zur Theologie des Buches, Köln 2006.
CXXXVIII	BIBLIOTHECA SPIRITUALIS. Artikel aus dem Dictionnaire de Spiritualité, herausgegeben von Hermann Josef Sieben, Vol. II: Hermann Josef Sieben (Hg.), Frühe Lehrer des geistlichen Lebens: Origenes und die Kappadokier, Köln 2006.
CXXXIX	Wladimir Lindenberg, Das heilige Rußland. Mit einem Beitrag von Michael Schneider, Köln 2006.
CXL	Michael Schneider, Die Kunst, Jesus zu lieben. Zur christologischen Propädeutik des Glaubens, Köln 2006.
CXLI	Vasyl' Rudeyko, Die Reform des Stundengebets in der griechisch-katholischen Kirche der Ukraine unter besonderer Berücksichtigung der Feier der Vesper, Köln 2007.
CXLII	Hermann Josef Sieben / Werner Löser / Michael Schneider, Theologie der Mysterien des Lebens Jesu, Köln 2007.
CXLIII	Andreas Wollbold, Die Seligpreisungen mit großen Auslegern bedacht, Köln 2007.
CXLIV	Michaela Hastetter / Karl-Heinz Steinmetz (Hg.), 1400 Jahre Gregor der Große. Rezeption - Seelsorge - Ökumene, Köln 2007.

CXLV Michael Schneider (Hg.), Die Göttliche Liturgie des heiligen Apostels Jakobus des Herrenbruders und ersten Bischofs von Jerusalem, Köln 2009.

CXLVI Michael Schneider, Jesus von Nazareth. Zum neuen Buch von Papst Benedikt XVI., Köln 2007.

CXLVII Abt Emmanuel Jungclaussen OSB, Der innere Weg zu Gott, Köln 2007.

CXLVIII Michael Schneider, Einführung in die Theologie Joseph Ratzingers, Köln 2008.

CIL Michael Schneider, Romano Guardini. Wegbereiter einer Theopragmatik, Köln 2008.

CL Michael Schneider, Konrad Weiß (1880-1940). Zum schöpfungs- und geschichtstheologischen Ansatz im Werk des schwäbischen Dichters, Köln 2007.

CLI BIBLIOTHECA SPIRITUALIS. Artikel aus dem Dictionnaire de Spiritualité, herausgegeben von Hermann Josef Sieben - Vol. III: Hermann Josef Sieben (Hg.), Westliche Lehrer des geistlichen Lebens: Tertullian, Augustinus, Cassian und Gregor der Große, Köln 2008.

CLII Michael Schneider, Zur Beurteilung der Liturgiereform und der Tridentinischen Messe im theologischen Werk Joseph Ratzingers, Köln 2007.

CLIII Michael Schneider, Die Enzyklika »Spe salvi« Papst Benedikts XVI. Ihre Einordnung in das Werk Joseph Ratzingers als Beitrag einer Theologischen Anthropologie, Köln 2008.

CLIV Michael Schneider, Glaubensnacht am Anfang des Berufungsweges. Eine kaum beachtete Erfahrung christlicher Existenz heute, Köln 2009.

CLV Michael Schneider, Das menschliche Antlitz. Eine theologische Deutung, Köln 2009.

CLVI Abt Emmanuel Jungclaussen OSB, Geistliche Texte der Seelenführung, Köln 2008.

CLVII Michael Schneider, »Du aber geh in deine Kammer...« - Zur Bedeutung der eigenen »Zelle« im Leben mit Gott, Köln 2009.

CLVIII Michael Schneider, Die Göttliche Liturgie des heiligen Apostels Jakobus des Herrenbruders und ersten Bischofs von Jerusalem. Kommentar und Hinführung, Köln 2009.

CLIX Michael Schneider, Zur theologischen Grundlegung des christlichen Gottesdienstes nach Joseph Ratzinger - Papst Benedikt XVI., Köln 2009.

CLX Robert Hotz, Geistige Rebellen im Zarenreich und Kommunismus. Zweihundert Jahre Regimekritik in der russischen Literatur, Köln 2009.

CLXI Michael Schneider, Zur gegenwärtigen Praxis Geistlicher Begleitung. Eine kritische Rückfrage, Köln 2009.

CLXII Erich Kock, Bei näherem Betrachten. Alltags-Skizzen, Köln 2009.

CLXIII	Michael Schneider, Zur gegenwärtigen Diskussion um die Liturgie. Eine dogmatische Standortbestimmung und Reflexion über eine mögliche »Reform der Reform«, Köln 2009.
CLXIV	Michael Schneider, Offenbarung jenseits des Wortes. Eine trinitätstheologische Überlegung, Köln 2009.
CLXV	Joan Caraza, Die rumänische orthodoxe Spiritualität nach den Werken der patristischen Theologie Wilhelm Nyssens (1925-1994), Köln 2009.
CLXVI	Michael Schneider, Geistliche Begleitung und Beichte. Eine theologische Rückfrage an die Entfaltung des Bußsakraments von der »Seelenführungsbeichte« bis zu ihrer Neuordnung im »Ordo paenitentiae« von 1973, Köln 2010.
CLXVII	Michael Schneider, »Auf mystische Weise stellen wir die Cherubim dar...« - Zugänge für die Mitfeier der Chrysostomus-Liturgie, Köln 2010.
CLXVIII	Michael Schneider, Die Zeitansage im Buch der Geheimen Offenbarung. Die Spanischen Apokalypsen des Beatus von Liébana und ihre theologische Deutung der Geschichte in Wort und Bild, Köln 2010.
CLXIX	Michael Schneider, Eucharistische Ekklesiologie, Köln 2010.
CLXX	Michael Schneider, Geschichte als Liturgie. Studien zu einer Theologie der Liturgie, Köln 2010.
CLXXI	Michael Schneider, Ritus und Ritual. Eine Begriffsbestimmung nach orthodoxer Theologie, Köln 2010.
CLXXII	Michael Schneider, Die Erneuerung der Liturgie nach dem II. Vatikanum und ihre Beurteilung in der Theologie Joseph Ratzingers, Köln 2010.
CLXXIII	Michael Schneider, Theologie der Menschwerdung. Eine Grundlegung aus der Sicht der Dogmatik, Köln 2011.
CLXXIV	Michael Schneider, Der Dienst der Heiligung im Leben des Priesters heute. Überlegungen am Ende des Priesterjahres, Köln 2010.
CLXXV	Michael Schneider, Christologie. Teil I: Zu einer Theologie der Mysterien des Lebens Jesu, Köln ²2015.
CLXXVI	Michael Schneider, Christologie. Teil II: Die großen Mysterien des Lebens Jesu im Zeugnis der Heiligen Schrift und im Leben der Kirche, ihrer Liturgie, Kunst und Theologie, Köln 2013.
CLXXIX	Michael Schneider, Der Dienst des Diakons. Zur christologischen Begründung einer diakonalen Ekklesiologie, Köln 2010.
CLXXX	Erich Kock, Julian Green (1900-1998). Seine Gestalten leben, Köln 2010.
CLXXXI	Michael Schneider, Der Dienst der Versöhnung als Zeugnis und Auftrag der Erlösten. Skizzen zur Soteriologie, Köln 2010.
CLXXXII	Michael Schneider, »... durch göttliche Belehrung angeleitet, wagen wir zu sprechen«. Eine kleine Hinführung zum Gebet, Köln 2014.
CLXXXIII	Michael Schneider, Geschichte der Theologie von der Neuzeit bis zur Gegenwart. Skizzen zu grundlegenden Fragen und Ansätzen in der katholischen Dogmatik, Köln 2011.